4°Z
LE SENNE
2865

AF468555

ESSAI

D'UNE

BIBLIOGRAPHIE

DES OUVRAGES

RELATIFS A L'HISTOIRE RELIGIEUSE

DE PARIS

PENDANT LA RÉVOLUTION (1789-1802)

PAR

PAUL LACOMBE PARISIEN

PARIS

LIBRAIRIE POUSSIELGUE FRÈRES

RUE CASSETTE, 15

1884

BIBLIOGRAPHIE

PARISIENNE

Extrait

DU

BULLETIN D'HISTOIRE ET D'ARCHÉOLOGIE

JANVIER 1884

Tirage à part à 100 exemplaires numérotés

N° 61

ESSAI

D'UNE

BIBLIOGRAPHIE

DES OUVRAGES

RELATIFS A L'HISTOIRE RELIGIEUSE

DE PARIS

PENDANT LA RÉVOLUTION (1789-1802)

PAR

PAUL LACOMBE PARISIEN

PARIS

LIBRAIRIE POUSSIELGUE FRÈRES

RUE CASSETTE, 15

1884

ESSAI D'UNE BIBLIOGRAPHIE

DES

OUVRAGES RELATIFS A L'HISTOIRE RELIGIEUSE DE PARIS

PENDANT LA RÉVOLUTION

1789-1802.

Quiconque s'est un peu occupé de l'histoire de la Révolution, soit pour en étudier l'ensemble, soit en vue d'une monographie spéciale, soit enfin simplement — et ce goût s'est beaucoup répandu de nos jours — pour collectionner, à titre de curiosités, les écrits qui furent imprimés pendant cette période importante de la vie de notre pays, a pu se rendre compte de la quantité innombrable de brochures que les écrivains de tous les partis ont, à cette époque, livrées chaque jour à la publicité. Quel dédale pour le chercheur que ces milliers de feuilles volantes qui sont souvent *sans date*, que l'on ne sait comment classer, ni quelquefois même à quel événement appliquer!

Prétendre qu'il n'existe pas de guide en ce labyrinthe serait une injustice : il existe en effet un monument bibliographique impérissable — moins périssable, hélas ! que les collections qu'il décrit — qui peut rendre les plus grands services aux travailleurs: c'est le Catalogue imprimé de la Bibliothèque nationale, dit *Catalogue de l'histoire de France*, œuvre immense qui fait le plus grand honneur à ceux qui en ont dirigé la rédaction ; mais, outre que les onze volumes in-4° qui le composent ne sont pas à la portée de tout le monde, et bien que leur ordonnance générale soit admirablement comprise pour faire connaître la suite et l'enchaînement des événements, ces onze volumes constituent eux-mêmes un dédale dans lequel il est impossible de trouver rapidement *tous* les détails qui se rapportent à un même sujet, avec la certitude de ne pas omettre quelque article important.

Ce n'est pas à un défaut de classification qu'il faut attribuer cet inconvénient : la classification — rarement fautive, du reste — est ce qu'elle devait être devant l'énorme quantité de matériaux à mettre en œuvre. Il fallait adopter un plan très large, et il faut convenir que le résultat obtenu est aussi parfait qu'on pouvait le souhaiter.

Les difficultés à surmonter n'étaient pas de mince importance : s'il est vrai que le clavier de la voix humaine articulée renferme des sons et des nuances de sons à l'infini, il n'est pas moins vrai de dire que les études historiques auxquelles est capable de se livrer l'intelligence humaine peuvent, par le point de vue sous lequel se place le travailleur, varier de même à l'infini. Aussi, prévoir pour tous les cas possibles l'ordre dans lequel on doit présenter au chercheur les matériaux qu'il devra utiliser, c'est un but bien difficile à atteindre. L'entreprise peut cependant être tentée au moyen de travaux bibliographiques restreints, sortes de bibliographies monographiques qui, par leur intérêt tout spécial, attireront d'autant plus les travailleurs, qu'ils risqueront moins de les décourager.

C'est un chapitre d'une *Bibliographie de l'histoire de Paris pendant la Révolution* que nous présentons ici au lecteur. Ce chapitre qui, en étendue, représente à peine la vingtième partie du travail d'ensemble, ne traite que des sources *originales* de l'histoire religieuse pendant cette période. Il ne faut pas que l'on s'attende à y trouver plus que ce qu'il contient réellement : on y rencontrera *seulement* l'indication des écrits imprimés entre 1789 et 1802 ; c'est un répertoire des documents contemporains des faits auxquels ceux-ci se rapportent. L'auteur souhaite que l'accueil qui sera fait à son travail l'encourage à y joindre plus tard l'indication des ouvrages plus modernes, et — complément indispensable — celle de tant d'articles dont l'érudition contemporaine a enrichi les Revues et les Recueils publiés depuis le commencement du siècle. C'est ainsi que seront utilement complétés deux ouvrages dont il serait injuste de ne pas parler dans cette petite dissertation sur la bibliographie parisienne : d'abord la réimpression de Lebeuf, faite par les soins de M. H. Cocheris, avec des notes, des additions et de nombreuses indications bibliographiques ; puis la *Bibliographie* publiée l'an passé par M. l'abbé Valentin Dufour, dans laquelle sont groupés beaucoup de renseignements utiles, principalement sur les sujets qui rentraient dans la compétence et le caractère de son auteur.

La bibliographie de l'histoire religieuse de Paris pendant la Révolution est, en fait, un travail d'assez peu d'étendue pour qu'il soit inutile d'entrer ici dans des explications sur les divisions qu'elle comporte. Je renvoie, à ce sujet, au *sommaire* qui la précède et qui suffira à en faire connaître l'arrangement.

Les noms d'auteurs, quand ceux-ci figurent sur le titre des ouvrages, sont placés en vedette, afin qu'ils sautent aux yeux dans les recherches; pour les ouvrages anonymes, leur auteur est autant que possible indiqué : les travaux de Quérard et de Barbier ont, naturellement, été mis à contribution.

Un bibliographe n'est pas un historien, aussi ne faut-il pas s'attendre à trouver ici des appréciations sans fin sur certains écrits qu'il était indispensable de citer. Il y aurait beaucoup à dire au point de vue de l'ensemble : quelques notes, aussi brèves que possible, et au besoin quelques citations qu'il eût fallu peut-être multiplier davantage pour ôter à ce travail le caractère d'une sèche nomenclature et en augmenter l'intérêt, font connaître le sens dans lequel est rédigé tel ou tel écrit, quand le titre ne l'énonce pas suffisamment, ou quand les opinions qui y sont contenues offrent quelque curiosité remarquable ou piquante.

Il est une catégorie d'ouvrages qui ne figurent pas dans cette bibliographie : ce sont les pamphlets — quelquefois curieux, je l'avoue — dont les titres eux-mêmes ne sauraient être transcrits, produits orduriers qu'il vaut mieux laisser dans l'oubli. Il a fallu faire un choix : j'espère avoir satisfait les exigences de la bibliographie en même temps que celles de la curiosité.

Au reste, il serait présomptueux de croire que ce travail fût complet. Etait-ce possible de remplir les vues de tous les travailleurs? L'un reprochera à l'auteur de s'être enfermé dans un cadre trop étroit; l'autre trouvera qu'il s'est laissé aller à considérer comme rentrant dans l'histoire de Paris des ouvrages d'un intérêt trop général; celui-ci lui dira que s'il a cité les discours du comédien Monvel (n°s 857 et 917) parce qu'ils ont été prononcés à Saint-Roch ou à Notre-Dame des Victoires devenus temples de la Raison, il eût fallu, pour être conséquent, signaler *Les Victimes cloîtrées*, drame en quatre actes, que ce même Monvel fit représenter sur le

Théâtre de la Nation, aussi bien que *Le Mari directeur ou le déménagement du couvent*, comédie en un acte, inspirée par un conte bien connu de La Fontaine, à un auteur auquel il sembla plaisant de ridiculiser les malheureux persécutés, qui, si peu de temps après, allaient devenir de véritables martyrs.

La réponse à ces reproches est toute trouvée : il fallait savoir se borner ; après les pièces de théâtre seraient venus naturellement les romans antireligieux qui ne manquèrent pas à cette époque... c'était, insensiblement, sortir tout à fait du sujet.

La même réflexion m'a fait ainsi m'arrêter dans plus d'une voie bien souvent attrayante ; c'est volontairement qu'ont été négligés les ouvrages relatifs à l'histoire des couvents durant la période pendant laquelle ils ont servi de prisons ; cette mine est très riche, elle mérite de faire l'objet de recherches spéciales dont les résultats seront fort satisfaisants. On objectera alors qu'il n'a pas été conséquent de parler des églises devenues clubs ou lieux de réunions politiques : c'est que, dans le premier cas, dans la section Guillaume Tell, par exemple, dont le lieu d'assemblée fut l'église des Petits-Pères (aujourd'hui Notre-Dame des Victoires), il y a eu, pour ainsi dire, simulacre de culte ; c'est que, dans le second cas, les pièces constatant la réunion, dans telle ou telle paroisse, des électeurs se préparant à la convocation des états généraux, contiennent très souvent des listes intéressantes. On y trouvera la plupart du temps les noms de membres influents du corps électoral, et surtout, ce qui nous touche pour le moment, des noms de personnalités du clergé, premières lueurs d'une quasi célébrité qui fait que l'on recherche avidement les moindres indications qui les concernent, indications qui, étant groupées, permettront peut-être de faire de ces noms souvent obscurs des noms qui deviendront presque historiques.

Un travail bibliographique n'est jamais terminé ; chaque jour, chaque heure, chaque minute de recherches apporte à l'édifice — si modeste que soit sa construction — une nouvelle pierre qui le rend plus solide et plus utile, l'auteur ne se dissimule donc pas que bien des lacunes déparent encore son travail ; des notes sont là qui, recueillies depuis la mise en œuvre définitive l'accusent de telle ou telle omission , mais il fallait pourtant s'arrêter. Bien venus seront les lecteurs attentifs qui voudront bien, par leurs communications, combler un vide, redresser une erreur ou élucider une difficulté.

Le premier devoir d'un bibliographe est de rejeter toute citation de seconde main ; aussi, quoique pour la première préparation de ce travail un grand nombre de *catalogues* aient été compulsés, toutes leurs indications ont été négligées quand elles ne se sont pas trouvées confirmées par une recherche plus approfondie. Les exceptions à cette règle (qu'il fallait considérer comme importante) sont indiquées par une note spéciale sous les *rares* articles qui n'ont pas été décrits *de visu*. Tous les autres articles doivent donc se trouver dans un de nos grands dépôts publics, la Bibliothèque nationale ou la Bibliothèque Carnavalet, quelques titres seulement ayant été fournis par des recherches dans des collections particulières ou dans la belle bibliothèque du séminaire de Saint-Sulpice.

J'ai parlé de nos bibliothèques publiques : je ne terminerai pas sans remercier de leur bienveillance les fonctionnaires de la Bibliothèque nationale. Je veux aussi offrir à M. J. Cousin, le savant et aimable conservateur de la Bibliothèque Carnavalet, l'expression de mes vifs remerciments pour les encouragements *pratiques* qu'il m'a prodigués et la bienveillance avec laquelle il m'a facilité mon travail.

DIVISION

PREMIÈRE PARTIE.

SUCCESSION CHRONOLOGIQUE DES ÉVÉNEMENTS.

I. — Etats généraux. Pièces officielles et pamphlets. 1789. — N°s 1 à 55.

II. — Faits particuliers et écrits divers par ordre chronologique; pamphlets contre le clergé. 1790. — N°s 56 à 85.

III. — Vente des biens ecclésiastiques. 1790-1791. — N°s 86 à 125.

IV. — Constitution civile du clergé; serment, événements et pamphlets divers. 1790-1791. — N°s 126 à 207.

V. — Pièces diverses sur l'Eglise constitutionnelle, les prêtres réfractaires, les congrégations religieuses, etc. 1792-1796. — N°s 208 à 231.

VI. — A.-E.-L. Leclerc de Juigné, neuvième archevêque de Paris. Son Pastoral, ses Mandements et Ordonnances, etc. 1782-1792.— Nos 232 à 255. — Pamphlets publiés pour ou contre lui, et autres pièces. — Nos 256 à 272.

VII. — J.-B.-J. Gobel, premier évêque constitutionnel; ses Mandements, Lettres, etc. 1791-1793.—Nos 273 à 281. Pamphlets publiés pour ou contre lui, et autres pièces. — Nos 282 à 306.

VIII. — Cultes républicains. — Dom Gerle et Catherine Théos. — Nos 307 à 311. — Culte de la Raison et de l'Etre-Suprême. — Nos 312 à 340. — Théophilanthropie. — Nos 341 à 399.

IX. — Concile de 1797. — Nos 400 à 418.

X. — J.-B. Royer, deuxième évêque constitutionnel; août 1798 à septembre 1801; Mandements et pièces diverses. — Nos 419 à 426.

XI. — Ecrits divers (1800-1801). Concordat et rétablissement du culte en 1802. — Nos 427 à 446.

DEUXIÈME PARTIE.

EGLISES, CHAPELLES, MONUMENTS RELIGIEUX ET COMMUNAUTÉS.

I. — Les monuments religieux et les paroisses en général.— Nos 447 à 451. — Pièces diverses par ordre chronologique. Paralipomènes relatifs à la suppression des églises et communautés, et au rétablissement du culte. — Nos 452 à 469. — Brefs, annuaires et almanachs. (1789-1803). Nos 470 à 490.

II. — Eglises, chapelles, monuments religieux et communautés, par ordre alphabétique. — Nos 491 à 994.

BIBLIOGRAPHIE

PREMIÈRE PARTIE

SUCCESSION CHRONOLOGIQUE DES ÉVÉNEMENTS

I. — Etats généraux. Pièces officielles et pamphlets. 1789.

1. — **Liste** générale des électeurs de l'ordre du clergé de la ville et des faubourgs de Paris pour la députation aux états généraux. — *Paris, imp. C. Simon*, 1789, *in*-4°, 14 *p.*

2. — **Liste** générale des élections faites dans l'assemblée du clergé de la prévôté et vicomté dans les murs de Paris. — *Paris, imp. C. Simon*, 1789, *in*-4°, 3 *p.*

Noms des élus, avec indication de leurs fonctions. — Pièce intéressante.

3. — **Liste** générale des élections faites dans l'assemblée du clergé de la prévôté et vicomté hors les murs de Paris. — *Paris, imp. C. Simon*, 1789, *in*-4°, 3 *p.*

Cette liste donne non seulement les noms des élus, mais aussi l'indication des fonctions qu'ils remplissaient ou des postes qu'ils occupaient. — Il y a deux éditions; elles ne diffèrent que par le fleuron placé en tête du titre.

4. — **Procès-verbal**, noms des électeurs et cahier de doléances de l'assemblée du clergé, de la prévôté et vicomté hors les murs de Paris. — *Paris, imp. C. Simon*, 1789, *in*-8°, 127 *p. plus* 1 *f. pour le faux-titre.*

5. — **Cahier** de doléances et remontrances du clergé de Paris *intra muros*. — *Paris, imp. C. Simon*, 1789, *in*-8°, 31 *p.*

Le titre de départ, page 3, porte en plus : « Remis dans la séance du lundi 18 mai 1789 à Mgr l'archevêque de Paris, et à MM. de Montesquiou,... Chevreuil,... Gros,... Dom Chevreux,... Dumouchal,... Le Gros,... de Bonneval,... Veytard,... et de Barmont,... élus députés. »

6. — **Observations** sur le cahier de Paris *intra muros*. — *S. L.*, 1789, *in*-8°, 2 *f. de tit. et* 43 *p.*

7. — **Cahier** du Chapitre de l'Église de Paris. — *S. L.*, 1789, *in*-8°, 15 *p.*

Le titre de départ, page 3, porte en plus : « Pour servir d'instruction à ses députés aux assemblées des trois états qui doivent précéder la tenue des états généraux... ». — Les doléances du Chapitre portent sur la conservation du culte public, le maintien du droit public ecclésiastique, les progrès de l'irréligion, le rétablissement de l'éducation publique, etc. A ces considérations sont jointes quelques autres réflexions d'un ordre politique.

8. — **Protestation** du Chapitre de l'Église de Paris. (20 avril 1789.) — *Paris, imp. de Vve Hérissant, S. D.* (1789), *in*-8°.

Même ouvrage que le suivant.

9. — **Protestation** du Chapitre de l'Église de Paris, avec des notes interprétatives. Par un homme qui n'est ni chanoine, ni curé, ni même abbé. — *S. L. N. D.* (1789), *in*-8°, 22 *p.*

Contre le règlement, fait par le roi, pour l'exécution des lettres de convocation aux états généraux, du 24 janvier 1789. — Il y a une autre édition ; voyez l'article précédent.

10. — **Doléances** des églisiers, soutaniers, ou prêtres des paroisses de Paris. (Epigraphe : *Fas odisse viros atque omnia ferre sub auras. Virg. Æneid.*) — *S. L. N. D.* (1789), *in*-8°, 123 *p.*

Contre le clergé parisien.

11. — Brugière (l'abbé P.) — **Doléances** des prêtres des paroisses de Paris. — *Paris*, 1789, *in*-8°.

Cité par Quérard dans la *France littéraire*.

12. — **Des droits** du clergé dans les affaires publiques. Papier trouvé sous les arcades du Palais-Royal. — *S. L. N. D.* (1789), *in*-8°, 30 *p*.

Contre le clergé, à l'occasion de sa représentation aux états généraux. — Avec cette épigraphe, qui donne bien une idée de l'esprit dans lequel est rédigé cette brochure : « Les prêtres ont trouvé ce qu'Archimède cherchait, un point entre le ciel et la terre d'où ils puissent remuer le monde. » (Hume, *Essais*.)

13. — **Projet** de doléance en faveur de la religion aux états généraux de 1789. — *Paris, Crapart*, 1789, *in*-8°, 8 *p*.

En faveur du clergé et de la religion.

14. — **Arlequin** réformateur dans la cuisine des moines, ou Plan pour réprimer la gloutonnerie monacale au profit de la nation, épuisée par les brigandages de harpies financières. Dédié à Mgr de Brienne, ex-principal ministre, par l'auteur de la « Lanterne magique de la France. » — *Imprimé à Rome* (*Paris*), 1789, *in*-8°, 23 *p*.

15. — **Dialogue** ou entretien de monsieur Clergé avec madame Nation. — *De l'imprimerie des démocrates, rue sans détour*, S. D. (1789), *in*-8°, 20 *p*.

Le titre de départ, page 3, porte en plus : *Par Jean Barth* (*sic*). — Pamphlet contre le clergé.

16. — **Tableau** moral du clergé de France sur la fin du XVIIIe siècle, ou Le clergé français avant les états généraux, et ce qu'il doit devenir après. — *S. L., avril* 1789, *in*-8°, v-164 *p*.

Cet écrit est intéressant; ni pamphlet ni panégyrique : « Je donne mon ouvrage non point comme une satire, mais comme un sermon », dit l'auteur dans sa préface.

17. — **Les sept péchés capitaux**, ou exemples tirés de l'état ecclésiastique, occupant actuellement le clergé de France, par un ex-ci-devant soi-disant J..., et copié littéralement par un homme qui s'amuse de tout. — *Paris, chez le prieur de l'abbaye de Saint-Germain-des-Prés, et chez le suisse du nonce du Pape, rue Saint-Dominique*, 1789, *in*-8°, 50 *p*.

Quérard a cité le titre de ce libelle, mais il n'en a pas nommé l'auteur (*Supercheries* I, 1276, *d*). L'auteur des « Sept péchés capitaux » a publié aussi une brochure contre le clergé de Saint-Gervais. (Voyez le n° 687 et cf. le n° 19.)

18. — **La paillardise** ecclésiastique ou Les... — *S. L. N. D.* (1789), *in*-8°, 8 *p*.

La plume du bibliographe se refuse à transcrire la seconde moitié du titre de cette brochure, qui a aussi été publiée sous un intitulé dans lequel on n'a pas reproduit les mots que j'ai transcrits ci-dessus et qui ne se compose que des mots que j'ai supprimés. Les amateurs de curiosités sont maintenant prévenus que les deux brochures ne sont qu'un seul et même ouvrage.

Cette diatribe se termine par un trait aussi violent que peu mérité contre l'archevêque de Paris.

19. — **Le remue-ménage** du paradis, ou la députation du Vatican ; relation fidèle de ce qui vient de se passer tout récemment au séjour des cieux ; suivi de la Passion de notre vénérable clergé, selon l'évangile du jour. — *Rome, de l'imprimerie du Vatican* (*Paris*), 1789, *in*-8°, 23 *et* 5 *p*.

Pamphlet contre le clergé parisien. — L'exemplaire de cet écrit que j'ai eu entre les mains contient en outre une dissertation philosophico-religieuse, intitulée : *La vie à venir ou le paradis, discours prononcé dans une société* (15 p. qui en fait peut-être aussi partie, car je n'y ai pas vu de titre spécial. — Cf. les n°s 17 et 687.

20. — **Réponse** d'un habitant de Paris et bon patriote à quatre de ses amis formant une petite société littéraire dans les Vosges, ou Les *Pourquoi* et les *C'est que* sur la noblesse, la magistrature et le clergé. — *S. L.*, 1789, *in*-8°.

21. — **Objets** de réclamation à mettre sous les yeux de l'assemblée où doit être rédigé le cahier des doléances du clergé de Paris, par un citoyen inutile et qui se lasse de l'être. — *S. L.*, 1789, *in*-8°, 53 *p*.

Cet écrit contient des réflexions fort intéressantes et mérite d'être signalé d'une façon exceptionnelle. Tout en s'occupant des besoins du clergé parisien, l'auteur parle sincèrement de certains abus pour lesquels il réclame des réformes.

22. — **Doléances** de l'exorciste du diocèse de Paris pour les états généraux de 1789. — *S. L. N. D.* (1789), *in*-8°, 14 *p.*

On lit à la fin :
Signé : l'abbé CORDIER *de Saint-Firmin.*

23. — FAUCHET (l'abbé). — **De la religion** nationale. — *Paris, Bailly*, 1789, *in*-8°, 300 *p.*

24. — **Mémoire** sur le projet de détruire les corps religieux. — *Paris, veuve Desaint, S. D.* (1789), *in*-8°, 47 *p.*

Signé : F. Ch. Grand-Jean,... F. Jos. Faitot.. F. Elie Christophe,... F. Louis Breymand,... — La rédaction de ce Mémoire est attribuée au P. Bern. Lambert.

25. — **Relation** de tout ce qui s'est passé de relatif au clergé, depuis le vendredi 19 juin. — *S. L.*, 1779 (*sic*, 1789), *in*-8°, 14 *p.*,

26. — **Confession** d'un membre du clergé, lequel fut fessé et demanda pardon hier au tiers, dans le Palais-Royal. — *S. L. N. D.* (1789), *in*-8°, 7 *p.*

Du 24 juin, d'après une note ms.

27. — **Vœu** des plus intéressants adressé à l'Assemblée nationale par M. l'abbé L. R. — *Paris, imp. de veuve Delaguette, S. D.* (1789), *in*-8°, 8 *p.*

Au sujet du maintien du traitement des chanoines.

28. — **Projet** d'une réforme dans le clergé mendiant. — *Paris, Knapen fils*, 1789, *in*-8°, 8 *p.*

29. — **Le moine** qui n'a jamais partagé le gâteau, à l'Assemblée nationale. — *Paris, Guillaume*, 1789, *in*-8°, 7 *p.*

En faveur de la sécularisation des ordres monastiques.

30. — **Une des trente-six mille** manières de combler le déficit, ou Les biens de l'Église restitués à la France. A l'Assemblée nationale. Par un citoyen magistrat. — *Rome, imp. du Vatican, chez Pasquin et Marforio*, 1789, *in*-8°. 16 *p.*

31. — **Observations** sommaires sur la propriété des biens du clergé et sur le projet de les vendre. — *S. L. N. D.* (1789), *in*-8°, 4 *p.*

Contre le projet de confiscation.

32. — BOICERVOISE, *avocat au Parlement.* — **Réflexions** sur la nature du droit de propriété des établissements ecclésiastiques ayant une existence civile dans l'Etat, et sur le projet de suppression des ordres religieux. — *Paris, imp. Demonville*, 1789, *in*-8°, 15 *p.*

Conclut à l'inviolabilité des biens ecclésiastiques.

33. — **Dissertation** critique sur les propriétés du clergé en France, par un prêtre du diocèse de Paris. — *Paris, chez les marchands de nouveautés*, 1789, *in*-8°, 41 *et* 15 *p.*

34. — **Discussion** sommaire des prétentions contre les biens du clergé. — *Paris, imp. Gueffier, S. D.* (1789), *in*-8°, 11 *p.*

35. — **Les grades** du clergé, ou Réflexions d'un grenadier-citoyen sur la question des biens du clergé. — *S. L. N. D.* (1789), *in*-8°, 4 *p.*

36. — **Les commandements** du clergé de France. — *Rome, imp. du Vatican, chez Pasquin et Marforio, S. D.* (1789), *in*-8°, 4 *p.*

Parodie du décalogue ; contre le clergé.

37. — **Le clergé** à tous les diables. — *S. L. N. D.* (1789), *in*-8°, 7 *p.*

« Pleure, clergé, pleure ; les larmes que tu répands sont pour nous un torrent de plaisirs. » (p. 5). — Il est particulièrement question dans ce pamphlet du curé de Saint-Jacques-la-Boucherie et de celui de Saint-Nicolas-des-Champs.

38. — **Adresse** à Nosseigneurs de l'Assemblée nationale, par les curés de la banlieue ecclésiastique de Paris. — *Paris, veuve Hérissant, S. D.* (1789), *in*-8°, 7 *p.*

39. — **Le saut périlleux**, ou Le clergé chassé du paradis terrestre. — *S. L.*, 1789, *in*-8°, 8 *p.*

Du 14 décembre, d'après une note ms.

40. — **Grand détail** d'une sédition

occasionnée par un vicaire de Paris, qui, après avoir prêché contre l'Assemblée nationale et insulté le peuple, a été renversé de la chaire et a pensé être lanterné. — *Paris, imp. Tremblay, S. D.* (*fin* 1789), *in*-8°, 4 *p*.

Invectives contre un vicaire de l'hôpital de la Pitié.

41. — **Lettre** à un ami de province, sur la destruction des ordres religieux. (18 octobre 1789.) — *S. L. N. D.* (*Paris*, 1789), *in*-8°, 26 *p*.

L'auteur de cette lettre et de la suivante ne se nomme pas, mais il appartient à un ordre religieux ; il défend *ses droits*, *sa propriété* et *sa liberté*. La lettre suivante est plus spécialement consacrée à la défense du clergé séculier.

42. — **Seconde** lettre à un ami de province, sur la propriété des biens ecclésiastiques. (22 octobre 1789.) — *S. L. N. D.* (*Paris*, 1789), *in*-8°, 19 *p*.

Voyez l'article précédent.

43. — **Problème.** La nation est-elle propriétaire des biens du clergé? — *Paris, Garnery, et Volland, S. D.* (1789), *in*-8°, 4 *p*.

Contre la vente des biens du clergé au profit de l'Etat.

44. — **Recherches** curieuses sur l'origine des revenus ecclésiastiques. — (*Paris, au bureau des Révolutions de Paris*,) 1789, *in*-8°, 24 *p*.

Contre le clergé.

45. — **De** l'esprit du clergé dans les états généraux, essai suivi de quelques observations sur le « Mémoire des Princes ».—*S. L.*, 1789, *in*-8°, 23 *p*.

Contre le clergé.

46. — **Le clergé** dévoilé, pour être présenté aux états généraux, par un citoyen patriote. — *S. L.*, 1789, *in*-8°, 88 *p*.

47. — **Le clergé** dévoilé, ou L'iniquité retombant sur elle-même. — *S. L. N. D.* (1789), *in*-8°, 39 *p*.

Il y a une autre édition, avec la date de 1789, in-8, 32 pages, avec cette épigraphe : « Ecclesia et justitia sunt rarò sorores ».

48. — **Elévation** du clergé, et moyen sûr de combler le déficit. — *S. L. N. D.* (1789), *in*-8°, 15 *p*.

Contre les abus du clergé de l'ancien régime.

49. — **Les cris** du bas clergé, ou Analyse et réfutation des prétentions et préjugés du haut clergé. — *S. L.*, 1789, *in*-8°, 54 *p*.

Signé : L. M. P. A. à de L. M.

50. — **Origine** des richesses ecclésiastiques et démonstration de leur utilité pour le bien public. — *S. L.*, 1789, *in*-8°, 42 *p*.

Brochure intéressante et écrite avec une impartialité relative.

51. — **Projet** de règlement pour le clergé et les religieux de tous les ordres, leur conduite et leurs revenus fixés. — *Paris, Nyon jeune, S. D.* (1789), *in*-8°, 8 *p*.

52. — **Essai** sur la réforme du clergé, par un vicaire de campagne, docteur de Sorbonne. Première partie. Du clergé séculier. — *Paris, Durand, père et fils*, 1789, *in*-8°, LXIII-380 *p. et* 1 *f. de table*.

Ouvrage intéressant et remarquable dû à l'abbé Laurent, qui fut depuis curé de Saint-Leu, à Paris, et mourut en 1819. Voyez une note sur cet écrit dans les *Supercheries* de Quérard, tome III, col. 339, *c*.

53. — **Le bouquet** du clergé, présenté à Nosseigneurs après l'inauguration des états généraux de 1789. — *S. L.*, 1789, *in*-8°, 21 *p*.

En vers avec notes. Contre le clergé.

54.— **La mître** renversée, ou Le feu de l'encensoir éteint ; et Passion du clergé séculier et régulier. — *Paris, dans les décombres de l'archevêché, et se trouve chez MM. les abbés Maurri, Poule, ainsi que chez Beaumarchais, Linguet, d'Espréménil, et en général chez tous les religieux, le* 9 *décembre* 1789, *in*-8°, 16 *p*.

Page 14, se trouve une parodie de la *Passion* dans laquelle le pamphlétaire lance un trait fort méchant contre le curé de Saint-Eustache.

55. — TREILHARD. — **Rapport** fait au nom du comité ecclésiastique, le jeudi 17 décembre 1789, sur les ordres religieux. Imprimé par ordre de l'Assemblée nationale. — *Paris, Baudouin*, 1789, *in*-8°, 11 *p*.

II. — Faits particuliers et écrits divers par ordre chronologique; pamphlets contre le clergé. 1790.

56. — **Abus du clergé** dénoncés à l'Assemblée nationale. C'est à l'autorité souveraine qu'appartient la discipline... — *Paris, Bleuet, juin* 1790, *in*-8°, 38 *p*.

Brochure curieuse; voici les titres des chapitres : — Sur la multiplicité des messes. — Sur les offices divins. — Sur les enfants de chœur. — Sur les orgues et la musique des églises. — Sur le pain bénit. — Sur l'usage des chaises. — Sur les instructions des paroisses. — Sur les confesseurs. — Sur les enterrements. — Sur la sonnerie. — Sur le mariage. — Sur l'habit ecclésiastique. — Cette pièce a été reproduite en 1791. (V. n° 161.)

57. — **Les mouches** cantharides nationales, ou L'opérateur dentiste du clergé de France, aux communes assemblées. — *Paris, par ordre du comité des recherches*, 1790, *in*-8°, 30 *p*.

58. — **Le voile levé.** — *S. L. N. D.* (1790), *in*-8°, 12 *p*.

Chanson contre le clergé sur l'air *O filii*. — On lit à la fin les initiales L. C. D. V.

59. — **La mort** de l'abbé Coco. — *Paris, de l'imprimerie de Jean Bart, S. D.* (*vers* 1790), *in*-8°, 8 *p*.

Pamphlet contre les abbés galants.

60. — **La chasteté** du clergé dévoilée, ou Procès-verbaux des séances du clergé chez les filles de Paris, trouvés à la Bastille. — *Rome* (*Paris*), *de l'imprimerie de la Propagande*, 1790, 2 *vol. in*-8°, XXIV-326 *et* 363 *p*.

Ces deux volumes, pleins de révélations scandaleuses dont les unes peuvent être vraies, mais d'autres sont certainement inventées à plaisir, sont devenus assez rares. Barbier en attribue la rédaction à Dominique Darimajou, dont le nom a échappé à Quérard dans la *France littéraire*, mais qui a été cité par les continuateurs du bibliographe dans la *Littérature française contemporaine*. Le *Journal de la librairie* (année 1830, p. 79) contient une note que voici : « Darimajou, né à Mont-de-Marsan le 10 octobre 1761, référendaire de 2ᵉ classe à la Cour des comptes, est mort à Paris le ... novembre 1829. Il est *l'un des auteurs ou éditeurs* de l'ouvrage anonyme intitulé : « La chasteté du clergé », ouvrage scandaleux et qui l'était bien plus encore lors de sa publication, *par les anecdotes qu'il contient et le grand nombre de personnes vivantes qui en sont l'objet*, est-il dit dans l'avertissement, page 4 ».

On voit que Beuchot admettait que Darimajou avait eu des collaborateurs pour la rédaction de cet ouvrage, où Dulaure puisa une partie du libelle qu'il publia en 1791 sous le titre de : « Vie privée des ecclésiastiques ». Cf. n° 162.

61. — **Liste** de tous les prêtres trouvés en flagrant délit chez les filles publiques de Paris sous l'ancien régime ; avec le nom et la demeure des femmes chez lesquelles ils ont été trouvés, et les détails des différents amusements qu'ils ont pris avec elles. Tirée des papiers de la Bastille... — *Paris, chez les marchands de nouveautés*, 1790, *in*-8°, 48 *p. et* 1 *fig. libre*.

Pamphlet ordurier.

62. — **La marmite** renversée ou le froc aux orties. Dialogue. — *Paris, Momoro, S. D.* (1790), *in*-8°, 8 *p*.

63. — **Précis** de ce qui s'est passé à la séance de l'Assemblée nationale du samedi 13 février 1790. — *S. L. N. D.* (1790), *in*-8°, 7 *p*.

Signé : Par un impartial. — Sur la suppression des ordres religieux.

64. — **Faites** beau cul, vous n'aurez qu'une claque, ou Evénement arrivé à l'abbé Maury, dans la cour du collège Mazarin, par les écoliers, le 27 [mars ?] à trois heures. — *Paris, imp. Chalons*, 1790, *in*-8°, 3 *p*.

Pamphlet contre l'abbé Maury.

65. — **Grand** accident arrivé à l'abbé Maury, occasionné par le tonnerre. — *Paris, Simon* 1790, *in*-8°, 8 *p*.

Pamphlet contre l'abbé Maury.

66. — **Révolutions** ecclésiastiques, ou La calotte renversée ; publiées par ordre de Mgr l'archevêque de Bordeaux... — *Paris, de l'imprimerie de l'archevêque, et se trouve aux hôtels de l'archevêque de Nancy, du vicomte de Mirabeau, des abbés Maury, D'Eymar, etc., etc., tous aristocrates décédés, anno primo reparatæ salutis humanæ*, 1790, *in*-8°, 22 *p. et* 1 *f. blanc*.

67. — **Messe** de minuit célébrée

par le sieur abbé Maury, assisté des vicomtes de Mirabeau et d'Espréménil, ses desservants, en présence de MM. Cazalès, d'Ypres, Tréguier..., et soixante-dix autres vrais croyants, en l'église des Capucins, rue Saint-Honoré, la nuit du 12 au 13 avril 1790, à l'occasion du décret sur les biens du clergé. — *Paris, de l'imprimerie du treizième des Apôtres, chez l'abbé Maury*, 1790, *in*-8°, 28 *p*.

Avec cette épigraphe : « Parlez-en à tout le monde, ne le prêtez à personne ». — Ce pamphlet, qui vise spécialement l'abbé Maury, est une parodie de la messe assez curieuse, mais passablement inconvenante.

68. — **Thermomètre** des événements de la journée du 13 [avril 1790]. Complot du clergé et de quelques membres de l'Assemblée nationale. Aventure de l'abbé Maury et du vicomte de Mirabeau. — *S. L. N. D.* (1790), *in*-8°, 8 *p*.

A l'occasion du décret sur les biens du clergé.

69. — Ronile. — **Grand'Messe** de *Requiem* pour le repos de l'âme de Son Altesse sérénissime et éminentissime monseigneur le clergé de France, décédé le jour des Morts 1789 et inhumé le 18 avril 1790, dans la salle de l'Assemblée nationale, qui sera célébrée demain... et plus particulièrement tous les dimanches, fêtes et lundis de l'année, à la Courtille, aux Porcherons... et généralement dans toutes les guinguettes et cassines de la ville et faubourgs de Paris. Tous les citoyens sont priés d'y assister. *Requiescat in pace! — Paris, imp. de l'auteur*..., *S. D*, (1790), *in*-8°, 8 *p*.

Pamphlet curieux.

70. — **Découverte** de l'assemblée nocturne et clandestine tenue par le clergé, cette nuit, à la Sorbonne, avec le détail exact de ce qui s'y est passé. (21 avril 1790.) — *Paris, imp. Girard, S. D.* (1790), *in*-8°, 8 *p*.

71. — Dillon (l'abbé Arthur). — **Appel** à la commune, aux districts de Paris, aux futurs départements, et généralement à tout le peuple français, sous le jugement de l'Europe et de la postérité, (Epigraphe : « Ils ne savent être ni justes ni libres »). — *Paris*, 1790 *in*-8°, 46 *p*.

Au sujet du décret du 14 avril sur les biens du clergé.

72. — **Les œufs** de Pâques des demoiselles du Palais-Royal au clergé. — *Se trouve au Cirque (de l'imprimerie de la Vérité)*, 1790, *in*-8°, 8 *p*.

Pamphlet insignifiant contre le clergé de l'ancien régime.

73. — **Confession** et repentir sincère d'un prêtre pénitent. — *S. L. N. D.* (1790), *in*-8°, 8 *p*.

Pamphlet contre les évêques.

74. — **Adresse** au beau sexe relativement à la révolution présente, par M. L. C. D. V. — *S. L.*, 1790, *in*-8° 15 *p*.

Contre le clergé. — On trouve, page 12, une chanson intitulée : « Repentir d'un gros bénéficier et leçons que lui a données Lison, chez laquelle il a soupé ».

75. — **Le réverbère** français... Les riches abbés, les moines opulents dans les délices de la table et de la volupté, ont abusé de leur prospérité. L'esprit de l'homme ne sait jamais prévoir que tout a un terme. Il ne sait jamais garder de justes bornes. — *S. L.*, 1790, *in*-8°, 16 *p*.

Violent pamphlet contre le clergé. — Signe par M. L. C. D. V.

76. — **Réformation** des moines. Du rétablissement des bonnes mœurs et de l'utilité publique dans les monastères des deux ordres conservés. — *Paris, imp. de veuve Machuel, S. D.* (1790), *in*-8°, 16 *p*.

77. — **Le partage** du diable, ou La monacaille aux enfers. Ouvrage destiné à prouver les causes de l'orgueil et de la crasse monastique, et leurs sinistres effets. — *A Paris, de l'imprimerie des enfants de Saint-Bruno, dans le cloître des Chartreux*, 1790, *in*-8°, 160 p. 1 *fig*.

L'auteur ne ménage pas les injures aux « paresseux Bénédictins, aux Carmes ribauds aux dégoûtants Capucins, aux ivrognes Cordeliers, aux vindicatifs Jacobins ». Il entremêle le tout, il est vrai, de considérations d'une plus haute portée et qui pourraient avoir leur valeur, si elles n'étaient empreintes d'une partialité vraiment trop flagrante.

78. — BATBEDAT (l'abbé). — **Discours** prononcé dans la Société des Amis de la constitution de Paris, sur les deux rapports du comité ecclésiastique concernant le clergé, le 28 mai 1790. — *Paris, imp. Vézard et Le Normant, S. D.* (1790), *in*-8°.

Cette société est plus connue sous le nom de « Club des Jacobins ».

79. — **Messe du** 14 juillet 1790 célébrée par l'abbé Maury, de fameuse mémoire. — *Paris, Simon et Jacob-Sion*, 1790, *in*-8°, 6 *p*.

Pamphlet contre l'abbé Maury. Parodie de la messe.

80. — **Grand détail** de toutes les fédérations et réunions de citoyens et gardes nationales de toute l'étendue du royaume de France, et leur serment de fidélité à la religion. — *Paris, imp. Perlet, S. D.* (1790), *in*-8°.

81. — **Décret** de l'Assemblée nationale portant règlement d'un culte sans prêtres, ou Moyen de se passer de prêtres sans nuire au culte. Suivi de notices historiques et de pièces justificatives. — *Paris*, 1790, *in*-8°, 26 *p*.

Apocryphe.

82. — **Grande découverte** d'un trésor national possédé par les chevaliers de l'ordre de S. Ladre, dit de S. Lazare. — *Paris, imp. Cordier et Meymac, S. D.* (1790), *in*-8, 8 *p*.

83. — JOURDAIN DE SAINT FERJEUX. — **A tous les districts** de Paris, concernant la tolérance civile, ou la liberté de conscience et la désunion du clergé. — *S. L. N. D.* (1790), *in*-8°, 8 *p*.

84. — FORTIN DE MELLEVILLE. — **Le** *Te Deum* des religieux et des religieuses en action de grâces des décrets bienfaisants de l'Assemblée nationale. — *S. L. N. D.* (1790), *in*-8°, 16 *p*.

85. — **Le clergé** dévoilé, avec l'origine des biens de l'Eglise, ou La vérité rendue sensible. *S. L.*, 1790, *in*-8°, 8 *p*.

III. — Vente de biens ecclésiastiques, 1790-1791.

86. — **Paris,** le mars 1790, MM. J'ai l'honneur de vous communiquer... — *S. L. N. D.*, *in*-4°, 4 *p*.

Circulaire adressée par Bailly, maire de Paris, aux membres de la commune, relativement à l'aliénation des biens à provenir des maisons religieuses que l'on devait supprimer.

87. — **Compte rendu** à l'Assemblée nationale, par les députés du bureau de la ville de Paris, le 10 mars 1790. Imprimé par ordre de l'Assemblée nationale. — *Paris, Imp. nationale*, 1790, *in*-8, 15 *p*.

Sur la suppression des couvents, dont il ne fallait laisser qu'un seul de chaque ordre.

88. — **Mémoire** adressé à MM. les députés de l'Assemblée nationale, qui présente un moyen de tirer avantage d'une partie essentielle des biens mobiliers du clergé. — *Paris, imp. Simon*, 1790, *in*-4°, 4 *p*.

Signé : WATRIN, chasublier du roi et de l'église de Paris. — L'auteur propose l'établissement d'une *sacristie universelle de la nation*, à l'imitation du *garde-meuble de la couronne* !

89. — LORTET. — **Adresse** à l'Assemblée nationale sur ses décrets concernant les biens ci-devant ecclésiastiques par le sieur Lortet, grenadier de la garde nationale parisienne depuis l'époque heureuse qui a rendu à la France sa liberté... — *Paris, imp. C. F. Perlet*, 1790, *in*-4°, 4 *p*.

90. — **Lettre** d'un petit financier de province à un de ses amis, sur un nouveau projet de vente des biens ecclésiastiques et domaniaux, proposé par M. Bailly, au nom de la munici-

palité de Paris. — *S. L. N. D.* (1790), *in-8°*, 8 *p*.

91. — **Observations** importantes sur la vente prochaine des biens ecclésiastiques et domaniaux, et moyens d'empêcher un nouvel accroissement dans l'inégalité, déjà trop excessive, des fortunes territoriales. — *Paris, imp. Champigny*, 1790, *in-8°*, 8 *p*.

92. — Clavière (Etienne). — **Limites** nécessaires à l'intervention des municipalités dans la vente des biens ecclésiastiques et domaniaux ; avec des observations importantes sur le projet de règlement que la municipalité de Paris a présenté au comité des finances pour la vente desdits biens. — *Paris, imp. du Patriote français*, 7 *mai* 1790, *in-8°* VIII-45 *p*.

93. — Brissot de Warville (J. P.) — **Motion** sur la nécessité de circonscrire la vente des biens ecclésiastiques aux municipalités dans leur territoire, etc., présentée à l'Assemblée générale des représentants de la commune de Paris, le 22 mai 1790. — *Paris, imp. du Patriote français, le* 30 *mai* 1790, *in-8°*, 26 *p*.

94. — Brissot de Warville (J.P.) — **Discours** sur la vente des biens ecclésiastiques et sur la nécessité de l'attribuer, pour Paris, au bureau de ville, à l'exclusion des sections, etc., prononcé à l'Assemblée générale des représentants de la commune de Paris, le 14 juin 1790, et imprimé par ordre de cette assemblée. — *Paris, imp. de Lottin l'aîné...*, 1790, *in-8°*, 20 *p*.

95. — **Adresse** de la municipalité de la ville de Paris présentée à l'Assemblée nationale, le 17 juin 1790, sur l'aliénation et la vente des biens ecclésiastiques et domaniaux. Imprimé par ordre de l'Assemblée nationale. — *Paris, Baudouin*, 1790, in-8°.

96. — **Municipalité** de Paris. Adresse de la municipalité de la ville de Paris, présentée à l'Assemblée nationale, le 17 juin 1790, sur l'aliénation et la vente des biens ecclésiastiques et domaniaux. — *Paris, imp. de Lottin l'aîné...*, 1790, *in-4°*, 4 *p*.

97. — **Adresse** à l'Assemblée nationale, par les députés des soixante sections de Paris, relativement à l'acquisition à faire, au nom de la commune, de domaines nationaux. — *Paris, imp. de Lottin l'aîné...*, 1790, *in-4°*, 8 *p*.

98. — **A nosseigneurs** les députés du royaume à l'Assemblée nationale. — *S. L.*, 1790, *in-8°*, 7 *p*.

Requête adressée par les frères lais ou convers des couvents de Paris, au sujet de leur pension.

99. — **De la suppression** des cloches. Dialogue entre un marguillier de Saint-Eustache et un député à l'Assemblée nationale, sur l'origine et l'usage des cloches, les prétendus miracles qu'elles ont opéré (*sic*), les abus, les accidents qu'elles occasionnent journellement, et les avantages qui résulteraient de leur destruction. — *A Philharmonie* (*Paris, imp. Cailleau*), 1790, *in-8°*, 16 *p*.

¶ 100. — A la séance de l'Assemblée du 29 août 1790 le député Nourissart fait son rapport sur la fonte des cloches.

101. — **Grande harangue** prononcée à la barre de l'Assemblée nationale par le carillonneur de la Samaritaine, député des habitants des tours et clochers du royaume, relativement au projet de fondre les cloches. — *S. L. N. D.* (*Paris*, 1790), *in-8°*, 11 *p*.

Contre la fonte des cloches. — L'auteur propose ironiquement à l'Assemblée d'établir, si celle-ci persistait dans son projet, une sonnette *électrique* dans le domicile de chaque citoyen. Ces sonnettes reliées à la paroisse au moyen de *fils de fer* appelleraient les fidèles aux offices. Cette proposition originale fait de cette petite brochure une véritable curiosité.

102. — **Il est temps** de fondre la cloche. Projet patriotique pour remédier sur le champ à la rareté du numéraire. — *Paris, imp. A. J. Gorsas, S. D.* (1790), *in-8°*, 22 *p*.

Par M. Simon, d'après une note ms. sur l'exempl. de la Bibliothèque nationale.

103. — **Idée** d'un citoyen patriote, sur la suppression des cloches des paroisses de Paris. — *Paris, imp. Demonville*, 1790, *in*-8°, 8 *p*.

Signé : « P. A. S. Q., Citoyen, section Beaubourg, mécanicien et serviteur de l'un des frères de Sa Majesté ». — L'auteur propose de réduire le nombre des cloches à une seule pour chaque église.

104. — **Observations** d'un citoyen patriote sur le rapport fait par M. Le Couteulx de Canteleux, député de Rouen à l'Assemblée nationale sur les différentes propositions pour l'acquisition ou la fonte des cloches des couvents et communautés supprimés. Imprimé par ordre de l'Assemblée nationale. — *Paris, imp. Demonville*, 1790, *in*-8°, 16 *p*.

105. — **Etat** des domaines nationaux situés dans l'intérieur de Paris, que les commissaires de la commune, conjointement avec M. le maire, se soumettent d'acquérir après estimation aux charges et conditions présentées par les décrets du 14 mai 1790. — *Paris, imp. Lottin...* 1790, 4 *parties* in-4°, *de* 8, 7, 10 *et* 8 *p*.

Chaque partie a un titre spécial et une pagination particulière; la 1re partie comprend « le levant de Paris »; la 2e « le nord »; la 3e » le couchant » et la 4e « le midi ». Cette intéressante nomenclature contient l'indication d'un grand nombre d'édifices religieux ou de maisons possédées par des congrégations.

106. — **Tableau général** des produits et charges des biens des religieux établis à Paris, dressé par la municipalité dans son département du domaine, pour la déclaration des biens du clergé. — *Paris, imp. Lottin aîné...*, 1790, *in-fol. plano*.

107. — **Tableau général** des produits et charges des biens des religieuses établies à Paris... — *Paris, imp. Lottin aîné...*, 1790, *in-fol. plano*.

108. — **Compte rendu** à la commune de Paris, dans ses soixante sections, par les douze commissaires nommés pour l'acquisition de deux cents millions de domaines nationaux. — *Paris, imp. de Lottin l'aîné...*, 1790, *in*-8°, 24 *p*.

109. — **Compte** que rendent au conseil général de la commune de Paris MM. Charles Trudon et Santerre le jeune, administrateurs du département des domaines de la ville, et chargés de la comptabilité des opérations relatives au clergé et aux domaines nationaux ecclésiastiques. (31 octobre 1790.) — *Paris, Lottin aîné*, 1791, *in*-4°.

110. — **Réflexions** soumises à l'Assemblée nationale, sur la nullité générale prononcée par le décret du 7 octobre 1790, de toutes les ventes faites des biens du clergé, des fabriques, des établissements d'enseignement ou de charité, depuis la publication du décret du 2 novembre 1790. — *Paris, imp. Demonville*, 1791, *in*-4°.

111. — **Consultation** sur l'intéressante question pour le peuple s'il y a sûreté à acquérir les biens du clergé. (2 novembre 1790.) — *Paris imp. Dumaha, S. D.* (1790), *in*-8°.

112. — **Mémoire** au sujet de la location des chaises dans les églises. Par M. L***. — *Paris., imp. Vallegre, S. D. (vers* 1790), *in*-8°, 15 *p*.

113. — **Lettre** du grand Thomas, batelier de la section des plantes à M. l'abbé Mulot, président (7 novembre 1790.) — *S. L. N. D.* (1790), *in*-8°, 8 *p*.

Contre la location des chaises dans les églises.

114. — **Municipalité de Paris.** Prix des chaises fixé provisoirement par le corps municipal. (30 mars 1791.) — *Paris, imp. de Lottin l'aîné...* 1791, *petit placard in*-8°.

Signé : Bailly, maire. — Tarif des chaises dans les églises.

115. — **Instruction** concernant la conservation des manuscrits, chartes, sceaux... et autres objets... provenant des maisons ecclésiastiques, et faisant partie des biens nationaux.

(15 décembre 1790.) — *Paris, Imp. nat.*, *S. D.* (1790), *in-8°*.

116. — **Proclamation** du département de Paris. Arrêté du directoire, concernant les églises paroissiales, les chapelles et autres édifices religieux de la ville de Paris. Extrait des registres du Directoire du 11 avril 1791. — *Paris de l'imp. du département*, 1791, *in-8°*, 8 *p*.

117. — **Municipalité** de Paris. Etat des églises et chapelles, appartenantes (*sic*) à la nation, à faire fermer, au désir de l'arrêté du directoire du département du 11 avril 1791. Etat des églises et chapelles exceptées, au désir de l'arrêté du directoire du département du 11 avril 1791. — *Paris imp. Lottin...*, *S. D.* (1791), *in-4°* 8 *et* *p*.

118. — **Département** de Paris. Arrêté du directoire, concernant les églises paroissiales, les chapelles et autres édifices religieux de la ville de Paris. Extrait des registres du directoire... du 11 avril 1791. — *Paris, de l'imprimerie du département*, 1791, *in-4°* 6 *p*.

Au sujet de la réduction du nombre des édifices affectés au culte.

119. — **Municipalité** de Paris. Par le maire et les officiers municipaux. Extrait des registres des délibérations du corps municipal, du jeudi 14 avril 1791. Vu l'arrêté du directoire du département en date du 11 avril 1791 dont la teneur suit... — *Paris, imp. Lottin...*, 1791, *placard in folio*.

120. — Talleyrand. — **Rapport**, fait au nom du comité de constitution, à la séance du 7 mai 1791, relatif à l'arrêté du département de Paris du 6 avril précédent, par M. de Talleyrand-Périgord, ancien évêque d'Autun, imprimé et envoyé, par ordre de l'Assemblée nationale, dans tous les départements. — *Paris, Imp. nat.*, *S. D.* (1791), *in-8°*, 12 *p*.

121. — Sieyès. — **Opinion** de M. Emm. Sieyès, député de Paris, à l'Assemblée nationale, le 7 mai 1791, en réponse à la dénonciation de l'arrêté du département de Paris, du 11 avril précédent, sur les édifices religieux et la liberté générale des cultes. — *Paris, Imp. nat.*, *S. D.* (1791), *in-8°*, 23 *p*.

122. — Couturier (l'abbé). — **Opinion** de M. Couturier, curé de Salives, député de Châtillon sur-Seine [à l'Assemblée constituante], prononcée le 8 mai 1791, sur l'arrêté du département de Paris. — *Paris, imp. Caillot et Courcier*, 1791, *in-8°*, 10 *p*.

Même sujet que l'article précédent.

123. — **Pétition** des membres de la municipalité de Paris faite à la séance du 14 mai 1791. Imprimée par ordre de l'Assemblée nationale. — *Paris, Imp. nat.*, *S. D.* (1791), *in-8°*, 8 *p*.

Dénonciation au sujet d'infractions à la loi, commises par des citoyens catholiques de la section de la Fontaine de Grenelle, qui faisaient baptiser leurs enfants dans des maisons particulières sans les présenter à l'église paroissiale pour y faire constater leur état civil,

124. — **Décret** relatif à la fonte des cloches supprimées dans le département de Paris. 25-28 juin 1791.

Collection Duvergier, t. III, p. 76.

125. — **Etat** des domaines nationaux situés dans l'intérieur de Paris, dont les estimations ont été faites avant le 1er août 1791. — *Paris, imp. H. J. Jansen*, 1791, *in-folio*, 19 *p*.

Document intéressant. Le total des estimations s'élève à 76, 452,839 livres. Le couvent des Grands-Augustins est estimé 1,437,443 livres, l'église Saint-Germain des Prés, 405,000 liv. etc. Cette publication ayant été faite avant la réalisation, tous les prix de vente sont restés en blanc, dans la colonne à eux destinés.

IV. — Constitution civile du clergé ; serment, événements et pamphlets divers. 1790-1791.

126. — **Précis** pour une religieuse sortie de son couvent [le 16 juillet 1790]. — *Paris, imp. Lefort, S. D.* (1790), *in*-8°.

127. — Mirabeau (l'aîné). — **Discours** sur l'exposition des principes de la constitution civile du clergé, par les évêques députés à l'Assemblée nationale. Prononcé à la séance du soir du 26 novembre 1790. — *Paris, Imp. nationale, S. D.* (1790), *in*-8°, 26 *p.*

128. — Maury (l'abbé). — **Opinion** de M. l'abbé Maury, député de Picardie, sur la constitution civile du clergé, prononcé dans l'Assemblée nationale le samedi 27 novembre 1790. — *Paris, de l'imp. de l'Ami du Roi, S. D.* (1790), *in*-8°, 75 *p.*

129. — **Décret** de l'Assemblée nationale concernant le serment à prêter par les évêques, curés et autres ecclésiastiques fonctionnaires publics ; précédé du Rapport fait par M. Voidel..., sur la ligue d'une partie du clergé contre l'Etat et contre la religion, à la séance extraordinaire du 26 novembre au soir. Imprimé par ordre de l'Assemblée nationale. — *Paris, Baudouin, S. D.* (1790), *in*-8°, 28 *p.*

130. — **Apologie** du serment civique, par un prêtre de la maison et société de Sorbonne, ami de la religion et des lois. — *Paris, Knapen*, 1790, *in*-8°, 21 *p. et* 1 *f. de tit.*

Quérard (*Supercheries*, III, 238) attribue, d'après Barbier, cet ouvrage à l'abbé Dancel, du diocèse de Coutances, alors professeur de philosophie au collège d'Harcourt, depuis grand vicaire de Coutances et curé de Valognes. Il ajoute que cet ecclésiastique rétracta son serment dès 1791.

131. — Roy (l'abbé). — **Lettre** importante de M. l'abbé Roy à M. Bailly, maire de Paris, etc. ; suivie du serment civique signé de son sang. — *Paris, Laurens junior*, 1790, *in*-8°.

132. — **Adresse** des religieuses qui se sont rendues aux devoirs de la société, à l'Assemblée nationale. — *Paris, imp. Moutard, S. D.* (1790), *in*-8°.

133. — **A tous** les énergumènes du diocèse de Paris. — *S. L. N. D.* (*vers janvier* 1790), *in*-8°, 15 *p.*

Pamphlet politique réactionnaire.

134. — **Jugement** du Tribunal de police qui supprime un imprimé intitulé : « Extrait des registres des conclusions du chapitre de l'Église de Paris ». (5 mai 1790.) — *Paris, imp. Lottin...*, 1790, *in*-4°, 16 *p.*

135. — Brulart (Mme de). — **Discours** sur la suppression des couvents de religieuses et sur l'éducation publique des femmes, par Mme de Brulart, ci-devant Mme de Sillery, gouvernante des enfants de la Maison d'Orléans. — *Paris, Onfroy*, 1790, *in*-8°, xxiv-84 *p.*

Dissertation plus pédagogique que religieuse, mais ne manquant pas d'intérêt.

136. — **Le patriotisme** soutenu et fortifié par la religion, par un curé de Paris. — *Paris, veuve Hérissant*, 1790, *in*-8°, 1 *f. de tit. et* 28 *p.*

137. — **Serment civique**. Lettre à M***. (26 novembre 1790.) — *S. L. N. D.* (1790), *in*-8°, 31 *p.*

Contre le serment. Cf. n° 148 ?

138. — Audouin (l'abbé). — **Avis au clergé**, par l'abbé Audouin, prêtre. — *Paris, Champigny*, 1790, *in*-8°, 22 *p.*

139. — **Conseils** donnés à un ecclésiastique concernant sa conduite, son ministère dans les circonstances actuelles, le serment civique, etc. 4 décembre 1790. — *Paris, imp. Crapart, S. D.* (1790), *in*-8°, 31 *p.*

140. — **Réponse** d'un docteur à la consultation d'un curé sur le serment. — *Paris, Crapart, S. D.* (1790), *in*-8°.

141. — **Lettre** d'un curé à ses commettants. (18 décembre 1790.) — *Paris, imp. Crapart*, 1791, *in*-8°.

Contre la constitution civile du clergé.

142. — Grégoire (le comte Henri). — **Légitimité** du serment civique exigé des fonctionnaires ecclésiastiques. — *Paris, Imp. nationale*, 1791, *in*-8°, 33 *p*.

143. — **Examen** pacifique du serment exigé par la constitution. — *S. L. N. D.* (1791), *in* 8°, 20 *p*.

En faveur du serment.

144. — Berthelot, *docteur agrégé de la Faculté de droit de Paris*. — **Conformité** du serment à prêter par les ecclésiastiques fonctionnaires publics avec la discipline de l'Église gallicane. (7 janvier 1791.) — *S. L. N. D.* (1791), *in*-4°.

145. — **Première** conversation de M. Silvain, bourgeois de Paris, et M. Bons-Sens, frère des écoles chrétiennes, à l'occasion du serment sur la constitution civile du clergé. — *S. L. N. D.* (1791), *in*-8°, 8 *p*.

146. — **Seconde** conversation de M. Silvain, bourgeois de Paris, avec son curé, à l'occasion du serment sur la constitution civile du clergé. — *S. L. N. D.* (1791), *in*-8°.

147. — **Liste** des curés et prêtres de Paris qui doivent prêcher demain contre le serment décrété par l'Assemblée nationale. — *Paris, de l'imp. patriotique, S. D.* (*janvier* 1791), *in*-8°.

148. — **Légitimité** du serment civique. (12 janvier 1791.) — *Paris, Leclère*, 1791, *in*-8°, 56 *p*.

Par l'abbé Baillet, curé de Saint-Séverin. — Le titre de départ, page 3, porte : « Réfutation de la lettre intitulée : *Serment* civique et légitimité de ce serment ». Cf. n° 137?

149. — **La « Légitimité** du serment civique », par M*** [Baillet], convaincue d'erreur. — *Paris, Dufréne*, 1791, *in*-8°, 1 *f. de tit. et* 53 *p*.

Par l'abbé H. Jabineau. — C'est une réfutation de l'écrit précédent.

150. — **La « Légitimité** du serment civique », justifiée d'erreur. — *Paris, Leclère*, 1791, *in*-8°, 123 *p*.

Par l'abbé Baillet, curé de Saint-Séverin.

151. — **Adresse** aux citoyens de Paris sur le serment. (14 janvier 1791.) — *Paris, Crapart*, 1791, *in*-8°.

152. — Mirabeau. — **Projet** d'adresse aux Français sur la constitution civile du clergé; adopté et présenté par le Comité ecclésiastique à l'Assemblée nationale dans la séance du 14 janvier 1791. — *Paris, Imp. nationale*, 1791, *in*-8°, 35 *p*.

153. — **Détail** exact de tout ce qui s'est passé hier dans les églises de Paris au sujet du serment décrété par l'Assemblée nationale, avec le nom des curés fanatiques qui ont refusé d'obéir à la loi. — *Paris, de l'imp. de la Liberté*, 1791, *in*-8°, 8 *p*.

154. — Saunier (P. M.). — **Grand** détail de toutes les dénonciations faites à l'Assemblée nationale du refus fait par un grand nombre de prêtres de prêter le serment civique... — *Paris, imp. Langlois fils, S. D.* (1791), *in*-8°.

155. — **Instruction** sur la constitution civile du clergé, prononcée par un curé de Paris dans son église, au moment de la prestation du serment. — *Paris, imp. veuve Hérissant*, 1791, *in*-8°, 30 *p*.

Par François Gérard, curé de Saint-Landry, en la Cité, d'après une note ms. contemporaine. Cf. Barbier, II, 939, et la *Bibliographie de la France*, feuilleton du 19 avril 1834, qui contient une note biographique sur cet ecclésiastique.

F. Gérard (et non Girard, comme le nomme à tort la *France littéraire*) était curé de Saint-Landry depuis 1781; il devint, à la fin de sa vie, chanoine de Notre-Dame. Il fut désigné par la Convention nationale pour assister Marie-Antoinette dans ses derniers moments et l'accompagna jusqu'à l'échafaud. Il a fait réparer à ses frais la chapelle dite de la grande pénitencerie à Notre-Dame, et a légué une rente annuelle de 600 francs pour le desservant, l'entretien et la décoration de cette chapelle. On lui doit encore la *Gloire* qui décore les piliers derrière le maître-autel de l'église métropolitaine.

156. — **Liste** des curés et prêtres bons patriotes de Paris qui ont prêté le serment, avec le nom de ceux qui

sont déchus de toutes fonctions publiques. Fuite précipitée du curé de Saint-Sulpice et grand scandale causé par le curé de Saint-Roch. — *Paris, de l'imp. patriotique*, 1791, *in-8°*, 8 *p.*

157. — **Histoire** du serment à Paris, suivie de la liste de ceux qui ne l'ont pas prêté, et d'observations critiques sur le tableau des jureurs certifié conforme par M. de Joly, secrétaire-greffier. Par M***. — *Paris, chez tous les marchands de nouveautés*, 1791, *in-8°*, 211 *p.*

Cet ouvrage, écrit en faveur des prêtres non assermentés, est, d'après Barbier, de l'abbé Bossard, alors directeur du séminaire de Saint-Louis à Paris. L'abbé Bossard figure dans la liste des prêtres non-jureurs, liste qui est beaucoup plus complète dans cet ouvrage que dans la pièce suivante.

158. — **Tableau** comparatif, exact et impartial, contenant les noms, offices et diocèses des ecclésiastiques de la ville de Paris, qui ont prêté le serment civique les dimanches 9 et 16 janvier 1791, et de ceux qui ne l'ont pas prêté. — *Paris, imp. Girouard, S. D.* (1791), *grand in-12*, 26 *p.*

Pièce rare et importante.

159. — **Le grand** sabbat des prêtres inutiles. Dialogue entre Jérôme, fort de la nouvelle halle, et Catherine Merluche, marchande de marée au marché des Quinze-Vingts. — *S. L.* (*Paris*), 1791, *in-8°*.

A l'occasion du serment.

160. — **Attrapez-nous** toujours de même, messieurs les calotins. — *Paris, Froullé, S. D.* (1791), *in-8°*.

A l'occasion du serment.

161. — **Le clergé** dévoilé, ou tableau fidèle des abus révoltants que la cupidité, l'ambition, le fanatisme et la mauvaise foi des prêtres ont introduit (*sic*) dans l'Eglise. — *Paris*, 1791, *in-8°*, 38 *p.*

C'est, au moyen d'un nouveau titre, la reproduction de la brochure intitulée : « Abus du clergé... » publiée en 1790 (V. n° 56).

162. — **Vie privée** des ecclésiastiques, prélats et autres fonctionnaires publics qui n'ont point prêté leur serment sur la constitution civile du clergé. Pour faire suite à la « Liste des nobles ». — *Paris, Garnery, l'an second de la liberté*, 1791, 3 *parties in-8°, de* 96, 95 *et* *p.*

Par Dulaure. — On retrouve dans ce libelle une partie des histoires plus ou moins authentiques qui avaient déjà été publiées en 1790 dans la « Chasteté du clergé dévoilée ». (V. n° 60.)

163. — **Adresse** à ceux d'entre les curés de Paris qui ont prêté le serment sur l'organisation du clergé. — *S. L. N. D.* (1791), *in-8°*.

164. — Mille (l'abbé F.-B.). — **A la piété** patriotique. Discours apologétique sur la constitution civile du clergé, en l'honneur des sermentaires ecclésiastiques, prêché le 27 février [1791], par F.-B. Mille, bachelier de Sorbonne, curé-citoyen d'Evry-sur-Seine..., pour justifier de toute inculpation son discours et serment civiques. — *Paris, Desenne, S. D.* (1791), *in-8°*, 16 *p.*

165. — **Souscription** en faveur des ecclésiastiques séculiers et réguliers de la ville et du diocèse de Paris qui se trouvent maintenant réduits à l'indigence. — *Paris, imp. J. Girouard S. D.* (1791), *in-4°*.

Prospectus.

166. — **Entretien** d'un citoyen avec un théologien sur le bref du pape Pie VI aux évêques de l'Assemblée nationale de France. — *Paris, Crapart*, 1791, *in-12*, 67 *p.*

Par l'abbé Hermès.

167. — **Entretien** d'un électeur de Paris avec un père de l'Oratoire sur le choix des nouveaux pasteurs. — *Paris, Crapart*, 1791, *in-12*, 70 *p.*

Par l'abbé Hermès.

168. — **Entretien** d'un néophyte avec un missionnaire sur le schisme. — *Paris, Crapart*, 1791, *in-12*, 87 *p.*

Par l'abbé Hermès.

169. — **Entretien** d'un paroissien avec son curé sur le serment exigé des

ecclésiastiques fonctionnaires publics. — *Paris, Crapart,* 1791, *in*-12, 73 *p.*

Par l'abbé Hermès. — Il y a une deuxième édition sous la même date. Cité d'après Barbier.

170. — **Entretien** d'un curé avec son paroissien sur le schisme. — *Paris, imp. Crapart, S. D.* (1791), *in*-8°.

Même pièce que la précédente?

171. — **Lettre** d'adieu d'un curé de Paris à ses paroissiens. (10 mars 1791.) — *Paris, Laurens jeune, S. D.* (1791), *in*-8°, 32 *p.*

Signé : T., ce 10 mars 1791.

172. — **Le Carnaval** des aristocrates. Nouveau complot découvert par M. de La Fayette. Nouveau projet pour ne le pas manquer le mardi-gras. Les curés prêchent contre la révolution... La garde nationale va à Gentilly, à la Maison-Blanche et autres endroits, disperser les ouvriers gagnés par les aristocrates... — *Paris, imp. Labarre, S. D.* (*mars* 1791), *in*-8°.

173. — **Liste** des nouveaux évêques et curés constitutionnels nommés par le peuple. — *Paris, imp. Laurent,* 1791, *in*-8°, 8 *p.*

174.— Desfeux (C.-P.-S.). — **Questions** revatives à l'état actuel du culte catholique en France, par C.-P.-S. Desfeux, prêtre, un des électeurs de Paris réunis le 14 juillet 1789. — *Paris, Varin,* 1791, *in*-8°.

175. — **Les erreurs** du peuple par rapport au clergé, par un Parisien plus patriote que ceux qui en usurpent le nom. — *Paris, imp. Crapart,* 1791, *in*-8°.

176. — **Mon apologie.** — *S. L. N. D.* (1791), *in*-8°, 40 *p.*

L'auteur, sans se nommer, se justifie du refus qu'il a opposé à la prestation du serment.

177. — **Les vrais** principes de l'Eglise, de la morale et de la raison, sur la constitution civile du clergé, renversés par les faux évêques des départements membres de l'Assemblée nationale, prétendue constituante. — *Paris, Dufrêne,* 1791, *in*-8°, 282 *p.*

Contre la constitution.

178. — **Adresse** à tous les Français ou Exposition religieuse et patriotique des sentiments et de la doctrine du nouveau clergé de Paris sur la constitution civile du clergé, décrétée par l'Assemblée nationale et sanctionnée par le roi. — *Paris, Girardin, etc.,* 1791, *in*-8°, 48 *p.*

En faveur de la constitution.

179. — **Le témoignage** de la raison et de la foi contre la constitution civile du clergé. — *Paris, veuve Desaint; Dufrêne,* 1791, *in*-8°, VII-364 *p.*

Par J. F. Vauvilliers. — Réimprimé, avec le nom de l'auteur. (*Barbier.*)

180. — **Le Guide** du catholique pendant le schisme, ou les adieux d'un curé déplacé à ses paroissiens. — *S. L. N. D.* (1791), *in*-8°, 40 *p.*

181. — A D. **Le Moine,** toujours religieux de l'Ordre Saint-Benoît. — *Du Mont Cassin, l'an du Schisme, S. D.* (*Paris?,* 1791), *in* 8°, 10 *p.*

Contre le serment.

182. — **L'Ombre** du Mardi-Gras, ou les mascarades de la Cour, réunies à celles du Corps-Législatif et de quelques femmes titrées, des généraux et officiers de la fédération, jointe à celles des ecclésiastiques nouvellement fonctionnés,..... pour suppléer au carnaval de 1791, par un fou raisonnable. — *Paris, aux dépens du faubourg Saint-Antoine,* 1791, *in*-8°.

183. — **Municipalité** de Paris. Avertissement aux ecclésiastiques qui ont fait au secrétariat de la municipalité leur déclaration, qu'ils entendent prêter le serment ordonné par la loi du 26 décembre 1790. (30 mars 1791.) — *Paris, imp. de Lottin l'aîné...,* 1791, *in*-8°.

184. — **Liste** de toutes les sœurs et dévotes qui ont été fouettées par les dames des marchés des différents quartiers de Paris; avec leur nom, celui de

leur paroisse, et un détail très véritable de toutes leurs aventures avec les curés, vicaires et habitués desdites paroisses. — *Paris, imp. Tremblay, S. D.* (1791), *in*-8°.

Cf. les n° 992 et 993.

185. — Sanois (le comte de). — **Lettre** d'un vieux soldat catholique-romain à l'ancien clergé, séculier et régulier, du diocèse de Paris. (27 avril 1791.) — *S. L. N. D.*, (1791), *in*-8°.

Sur la constitution civile du clergé. — Signé: « Le ci-devant comte de Sanois ».

186. — **L'erreur** reconnue, ou profession de foi d'un citoyen de Paris sur la constitution civile du clergé. — *S. L. N. D.* (*Paris, avril* 1791), *in*-8°. 8 *p*.

— Autre édition. — *Paris, Lacloye, S. D.*, *in*-8°. 8 *p*.

— Autre édition..... suivie d'une Réponse authentique d'un prêtre catholique-romain élu... en Flandre, à MM. les électeurs du district de Douay. Extraite de l' « Ami du roi », de M. l'abbé Royou, n° 358. — *S. L. N. D.*, *in*-8. 12 *p*.

187. — **Ma patience** est à bout; un mot de bon sens à MM. les dénonciateurs des prêtres non-jureurs. — *Paris, imp. Crapart, S. D.* (1791), *in*-8°.

188. — **Messe** pour les jours solennels et anniversaires de la confédération des Français, célébrée pour la première fois le 14 juillet 1790. — *Paris, Simon, MDCCCXI* (*Sic*, 1791), *in*-8°, *VIII*-15 *p*.

Cet office est très curieux. — Page 15 se trouve un *Extrait des procès-verbaux du comité de confédération*, dans lequel est nommé le rédacteur de cette *messe*, l'abbé de Saint-Martin. A la suite est une *approbation* de J. B. J. Gobel, en date du 5 juillet 1791. — Cette messe a été réimprimée en 1832; voy. l'art. suivant.

188 *bis*. — **Messe**..... et rédigée par M. Saint-Martin, aumônier général de la garde nationale, avec le facsimile de la délibération des membres du comité de confération de la commune, de l'avis désapprobatif des vicaires généraux, et de l'approbation de l'évêque métropolitain Gobel et de leurs signatures. — *Imprimé pour la première fois* (*sic*) *à Paris, sur le manuscrit original* (*chez Crapelet*), 1832, *in*-8°, 26 *p*. *et* 1 *fac-simile*.

Réimpression de l'article précédent.

L'éditeur de 1832, qui signe sa préface des initiales G. A. C., et dont j'ignore le nom, semble n'avoir pas connu l'existence de l'édition de 1791. Celle-ci contient le texte de la messe en français et en latin, celle de 1832 ne donne que le texte latin, et certaines oraisons imprimées en 1791 ne sont pas reproduites dans la nouvelle édition « parcequ'elles étaient biffées dans le manuscrit ». Ces deux éditions ne font pas double emploi. — Il faut remarquer que le titre est amphibologique : ce n'est pas la *Messe* qui fut célébrée pour la première fois en 1790, mais la *Confédération*. — Quérard dit que, de l'édition de 1832, il a été tiré quatre exemplaires sur papier aux couleurs nationales et quelques autres sur papier violet : il peut avoir raison, mais je n'en ai jamais vu que des exemplaires sur papier blanc. Il fait erreur en disant qu'on lit sur le frontispice : *Imprimé pour la troisième fois*; le frontispice porte : *pour la première fois*; il devait porter : *pour la seconde fois*. Sait-on par les soins de qui fut donnée cette édition en 1832 ?

189. — **Prône** d'un vicaire pour le IXe dimanche après la Pentecôte, sur le serment; pour servir de suite au prône de VIIe dimanche, par un curé. — *S. L. N. D.* (1791), *in*-8°, 51 *p*.

Contre le serment.

190. — **Lettre** familière d'un curé catholique du diocèse de Paris à ses paroissiens. (Octobre 1791.) — *Paris, imp. Crapart, S. D.* (1791), *in*-8°.

191. — **Le Catéchisme** d'un curé intrus. — *S. L. N. D.* (1791), *in*-8°.

— Le même, 3e édition. — *Paris, Guerbart*, 1791, *in*-8°, 33 *p*.

— Le même. 5e édition. — *Paris, Guerbart*, 1792, *in*-8°, 26 *p*.

Curieuse et spirituelle satire contre la doctrine constitutionnelle. — Les 2e et 4e éditions me sont inconnues. — A joindre aux trois articles suivants.

192. — **Suite** du Catéchisme de l'intrus. — *S. L. N. D.* (1791), *in*-8°.

193. — **Autre** suite du Catéchisme de l'intrus. — *S. L. N. D.* (1791), *in*-8°.

194. — **Apologie** de Mlle Gertrude, ou dialogue entre M. Fortin, démo-

crate, Mlle Gertrude, dévote, et Rosalie son écolière, sur l'écrit d'un curé constitutionnel du diocèse d'Amiens, en forme de réfutation du catéchisme du curé intrus. — *Paris*, *Guerbart*, 1791, *in*-8°.

Brochure à joindre aux trois précédentes et qui y fait suite. — Extrait des « Loisirs d'un curé déplacé ». Mlle Gertrude est une des interlocutrices supposées du « Catéchisme d'un curé intrus ».

195. — **Protestation** générale contre la vente des biens du clergé, d'après le serment civique prononcé dans toute la France sur l'autel de la patrie, le 14 juillet 1790; par une société de vrais patriotes français, amis de la constitution. — *S. L. l'an deuxième de la spoliation du clergé de France*, (1791,) *in*-8°.

196. — **Adresse** aux religieuses, ou Dialogue entre une religieuse sortie de son couvent, son frère et son directeur. — *S. L.*, 1791, *in*-8°, 51 p.

Pamphlet contre le clergé régulier. Voyez l'article suivant.

197. — **Lettre** aux religieuses. — *Paris*, *Lacloie*, 1791, *in*-8°, xxxii *p*.

Cette brochure parut après la précédente, mais elle peut lui servir de préface, suivant un avis qui se lit page XXXII. Elle lui est quelquefois réunie.

198. — **Lettre** des professeurs en théologie de Sorbonne et de Navarre, à MM. les administrateurs du directoire du département de Paris. (16 novembre.) — *Paris*, *Crapart*, 1791, *in*-8°, 12 *p*.

Signé : Paillard, etc. — Réclamation contre la fermeture des écoles de théologie de Sorbonne et de Navarre, ordonnée par arrêté du 17 octobre 1791.

199. — **Adresse** des prêtres assermentés de la Ville de Paris. (19 novembre 1791.) — *S. L. N. D.* (1791), *in*-8°.

200. — **Réflexions** sommaires sur le décret du mois de novembre 1791, concernant les ecclésiastiques non assermentés. — *Paris*, *Guerbart*, 1791, *in*-8°, 20 *p*.

L'auteur de cette brochure anonyme, J. M. Dulau, était archevêque d'Arles, et périt dans les massacres de Paris le 2 septembre 1792.

201. — **Pétition** au roi. (5 décembre 1791.) — *Paris*, *imp. Dupont*, 1791, *in*-4°.

Adressée au roi par quelques membres du département de Paris pour l'engager a refuser sa sanction au décret du 29 novembre 1791 sur les troubles religieux.

202. — Viellart. — « **Une pétition** présentée au roi par plusieurs individus, membres du directoire du département de Paris..... » — *Paris*, *Imp. nationale S. D.* (1791), *in*-8°.

A défaut de titre, ce sont les premiers mots d'un écrit relatif à la pétition précédente.

203. — Pache (J. N.) — **Troisième** observation sur la pétition présentée au roi par les membres du directoire du département de Paris, le 5 décembre... — *Paris*, *imp. de Guillaume junior*, *S. D.* (1791), *in*-8°.

— Quatrième observation... — *Paris*, *imp. Pougin S. D.* (1791), *in*-8°.

Voyez les articles précédents. — L'existence de ces deux brochures suppose celle de deux autres brochures qui les auraient précédées, mais qui m'échappent en ce moment.

204. — Lecoz. — **Observations** sur la pétition de quelques membres du département de Paris concernant le décret de l'Assemblée nationale sur les troubles religieux... (10 décembre 1791.) — *Paris*, *Imp. nationale*, *S. D.* (1791), *in*-8°.

205. — **Apologie** des prêtres non assermentés. Leurs persécuteurs dénoncés comme violateurs de la constitution. — *Paris*, *Crapart*, *S. D.* (1791), *in*-8°.

206. — **Avis** aux catholiques. 5e édition. — *Paris*, *imp. Crapart*, 1791, *in*-8°.

Contre l'Eglise constitutionnelle.

207. — **Véritable** idée du schisme contre les faux principes de M. Camus et des pasteurs constitutionnels. — *Paris*, *Dufrène*, 1791. *in*-8°, 80 *p*.

V. — Pièces diverses sur l'église constitutionnelle, les prêtres réfractaires, les congrégations religieuses, etc. 1792-1796.

208. — **Histoire** de la conversion d'une dame parisienne, écrite par elle-même. — *Paris, Lallemant,* 1792, *in-8°, 58 p. et 1 f. d'errata.*

Par Camille Jordan. — Ouvrage intéressant pour l'histoire religieuse sous la Révolution. L'auteur à qui il est attribué professait des opinions catholiques. — Une 3e *édition* a paru sous la même date (64 pages).

209. — **Instruction** et exhortation des prêtres non assermentés aux Français catholiques, concernant les subsistances, les troubles religieux, le payement des impôts et la tranquillité publique. — *Paris, Laillet, S. D.* (1792), *in-8°.*

210. — **L'Eglise** constitutionnelle confondue par elle-même. Ouvrage dans lequel on réfute..... les principales objections répandues dans tous les..... ouvrages constitutionnels. Par une société de théologiens. — *Paris, imp. Crapart,* 1792, *in-8°*, XI-407 *p.*

Par l'abbé D. Bérardier et l'abbé Blandin, depuis chanoine d'Orléans.

211. — **Un mot** à M. Pastoret, un rien à M. Gaudin, sur le rapport qu'ils ont fait à l'Assemblée nationale au mois de février 1792, concernant le tribunal de l'Université de Paris, la faculté de théologie et la Société de Sorbonne... par un homme de l'Université. — *Paris, Crapart,* 1792, *in-8°*, 28 *p.*

Par A. A. L. Gayet de Sansale. — « M. Pastoret s'était exposé à la haine des théologiens, en composant la belle inscription qu'on a lue longtemps sur la façade du Panthéon : *Aux grands hommes la patrie reconnaissante* ». (Barbier, cité par Quérard.)

212. — **Mémoire** du sieur Delneuf, receveur de l'Université de Paris, présenté, le 14 juillet 1791, au comité ecclésiastique de l'Assemblée constituante, sur la question de savoir s'il était obligé de prêter le serment des fonctionnaires publics ecclésiastiques, prescrit par la loi du 22 mars 1791. — *S. L. N. D.* (1792), *in-4°.*

Suivi d'un avis du comité ecclésiastique, du 16 juillet 1791, et d'une délibération signée : Martineau, Blondel, Pict, en date du 4 juin 1792.

213. — **Mémoire** à consulter pour le sieur Delneuf, receveur de l'Université, sur la question de savoir s'il est obligé au serment prescrit par l'article III de la loi du 22 mars 1791, conçu en ces termes : « Nul agrégé, et en général, nul individu ne sera appelé à exercer, et nul professeur ne pourra continuer aucune fonction ou remplir aucune place dans les établissements appartenant à l'instruction publique dans tout le royaume, qu'auparavant il n'ait prêté le serment civique, et, s'il est ecclésiastique, le serment des fonctionnaires publics ecclésiastiques. — *S. L. N. D.* (1792), *in-4°.*

Voyez l'article précédent.

214. — **Lettre** d'un curé à ses fidèles paroissiens, écrite de Paris, le 9 mars 1792; suivie de la Réponse de la critique. (20 avril.) — *Paris, Lallemand,* 1792, *in-8°.*

* — **Profession** de foi de Ch. Alex. de Moy, curé de Saint-Laurent. (1792).

Pour cet ouvrage et les écrits qui s'y rattachent, voyez les n° 715 et ss.

215. — **Dialogue** entre deux commères. — *Paris, chez tous les marchands de nouveautés, avril* 1792, *in-8°.*

Sur le clergé constitutionnel.

216 — **Dialogue** entre un curé et une de ses paroissiennes sur les affaires présentes. — *Paris, rue des Maçons-Sorbonne, n°* 35, 1792, *in-8°.*

217. — Torné (P. A.) — **Discours** de Pierre-Anastase Torné, évêque de la

métropole du centre, sur la suppression des congrégations séculières et du costume ecclésiastique, 6 avril 1792. — *Paris, Imp. nationale*, 1792, *in*-8°, 44 *p*.

L'auteur demande la suppression du costume ecclésiastique en même temps que celle des congrégations.

218. — TORNÉ (P. A.) — **Opinion** (son) sur les ecclésiastiques non sermentés. Imprimée par ordre de l'Assemblée nationale. — *Paris, Imp. nationale, S. D.* (1792), *in*-8°, 23 *p*.

219. — BERNARD (l'abbé Pierre.) — **Extrait** d'un discours prononcé à l'hôpital de la Pitié, le 15 juillet 1792.., à l'occasion d'une messe solennelle célébrée en action de grâces de la Révolution... — *Paris, imp. de la Société typographique*, 1792, *in*-8°.

220. — GAUDIN, *député de la Vendée.* — **Rapport** du comité d'instruction publique, sur les congrégations séculières. Imprimé par ordre de l'Assemblée nationale. (Séance du 18 août 1792.) — *Paris, Imp. nationale, S. D.* (1792), *in*-8°, 18 *p*.

221. — **Pétition** à la Convention nationale par des citoyens catholiques de la ville de Paris, le 18 novembre 1792. — *Paris, imp. de Vve Hérissant, S. D.* (1792), *in*-4°.

Au sujet de la rétribution des ministres du culte.

222. — COURDIN (J.) — **Entretiens** patriotiques sur la constitution civile du clergé... Réimprimé sur la seconde édition. — *Besançon, A. J. Simard*, 1792, *in*-8°, 356 *p*.

En faveur de la constitution. — L'auteur était professeur de physique à Montpellier.

223. — **Catéchisme** nouveau et raisonné à l'usage de tous les catholiques français... — *En France, la seconde année de la persécution*, (*Paris*, 1792,) *in*-8°, 128 *p*.

Contre la constitution.

224. — **Nouvelles** lettres de notre très saint père le pape Pie VI portant d'itératives monitions, particulièrement aux évêques consécrateurs ou assistants ; aux faux évêques consacrés et intrus... avec assignation de soixante jours pour la seconde monition, et de soixante autres jours pour la troisième. — *A Rome, de l'imp. de la chambre apostolique*, 1792, *in*-8°, 29 *p*.

225. — **Conduite** scandaleuse du clergé depuis les premiers siècles de l'Eglise jusqu'à nos jours, ouvrage enrichi de notes et de preuves historiques, servant de suite aux Crimes des papes. — *Paris, les march. de nouv.*, 1793, *in*-8°, XVI-399 *p*.

Ce volumineux pamphlet passe en revue le clergé catholique à travers les siècles et ne s'occupe pas spécialement de la période contemporaine de sa publication. Il est cependant utile de le noter, comme preuve de la tendance antireligieuse qui se fit sentir dès le commencement de la Révolution. Barbier l'attribue à un nommé Dubost, qui fut maire de Taverny en 1791. (Cf. l' « Almanach de Versailles et du département de Seine-et-Oise » année 1791, page 201).

Cet ouvrage avait déjà paru sous le titre suivant : « Comparaison de la morale et des maximes de l'évangile et des apôtres avec la conduite du clergé... Présenté à l'Assemblée nationale. Ouvrage destiné principalement aux habitants de la campagne... Par le maire et le commandant de la garde nationale de Taverny. — *Paris, Gueffier*, 1791, *in*-8°. Et aussi : *Paris, Gueffier*, 1792, *in*-8°.

Longtemps après il a reparu sous le titre de « Comparaison de la morale et des maximes de l'évangile et des apôtres avec celle des prêtres restés soumis à l'eglise, par le maire de T*** — *Paris, Poncelin an IX*-1801, *in* 8°, *II*-399 *pages*. De toutes ces éditions je n'ai eu sous les yeux que celle de 1793, mais j'ai des raisons de penser que ces quatre éditions qu'on pourrait croire différentes, sont identiques, et que les trois dernières n'ont été confectionnées qu'au moyen d'un simple changement du titre.

226. — **Pétition** à l'Assemblée nationale faite par François-Etienne Bernet (De Bois Lorette), l'un des aumôniers de l'armée parisienne, prêtre catholique, marié constitutionnellement à une anglaise protestante. (Août 1791.) — *Paris, imp. C. F. Perlet, l'an 4 de la liberté* (1793), *in*-12, 12 *p*.

Pièce très curieuse sur le mariage des prêtres. Cet abbé Bernet habitait à Montmartre ; il adresse dans cette pétition une demande de secours à l'Assemblée nationale ; il expose qu'il est sans ressources, qu'il a un enfant qui lui est « d'autant plus cher qu'il est venu au monde, non par le ministère de la sage-femme, mais par le ministère ingénieux de sa tendresse » ! Parlant de sa compagne, il invite les vrais Français à concourir à son bonheur, à leur bonheur commun. « Deux ou trois arpents de terre *en propriété*, voilà leur ambition »... Tout serait à citer et serait presque comique si le sujet n'était par lui-même si attristant.

227. — **Les ci-devant** religieux et religieuses à la Convention nationale. — *Paris, imp. Franklin, S. D.* (1795), *in-8°*.

228. — Baudin (P. C. L.) — **Du fanatisme** et des cultes. — *Paris, Leclere, an III de la république, in-8°*, 80 *p*.

En faveur des croyances religieuses.

229. — **Combats** et triomphe de la religion dans la Révolution. — *S. L.*, 1795, *in-12°*, 71 *p*.

Brochure de propagande catholique. Elle est très mal imprimée et sur très mauvais papier; elle est peut-être sortie d'une presse clandestine.

230. — **Lettres** aux ministres de la ci-devant Église constitutionnelle. — *Paris, chez les march. de nouv.*, *S. D.* (1795), *in-8°*.

Contre l'Église constitutionnelle. — Je ne connais que quatre de ces lettres ; elle ont 43, 35, 56 et 64 pages. Je doute qu'il en ait paru d'autres.

231. — Pilat (l'abbé J. F.) — **La religion**, l'innocence et le patriotisme vengés, ou examen critique d'un message du Directoire exécutif (du 18 ventôse an IV [8 mars 1796]), tendant à provoquer une loi contre la sonnerie dans l'exercice du culte. — *Paris, imp, libr. chrétienne, an IV* (1796), *in-8°*.

VI. — A.-E.-L. Leclerc de Juigné, neuvième archevêque de Paris. Son Pastoral, ses Mandements et Ordonnances, etc. 1782-1792. — Pamphlets publiés pour ou contre lui, et autres pièces.

232. — **Pastorale** parisiense, illustrissimi et reverendissimi DD. Ant.-Eleon.-Leon. Le Clerc de Juigné, archiepiscopi parisiensis, Ducis S. Clodoaldi, Paris Franciæ, etc., auctoritate editum. — *Parisiis, C. Simon*, 1786, 3 vol. *in-4°*, 12-CLXXIV-411, 758 *et* 632-LXXV *p*.

Cet ouvrage est maintenant peu recherché; il offre cependant un certain intérêt rétrospectif au point de vue de la liturgie. — Voyez le n° 258.

233. — **Lettre** pastorale de Monseigneur l'archevêque de Paris au clergé séculier et régulier et aux fidèles de son diocèse. (21 mars 1782.) — *Paris, C. Simon*, 1782, *in-4°*, 24 *p*.

234. — **Mandement** de Monseigneur l'archevêque de Paris, qui permet l'usage des œufs pendant le carême prochain depuis le mercredi des Cendres inclusivement jusqu'au vendredi de la semaine de la Passion exclusivement. (28 février 1783.) — *Paris, C. Simon*, 1783, *in-4°*, 22 *p*.

235. — **Mandement** de Monseigneur l'archevêque de Paris, qui ordonne que le *Te Deum* sera chanté dans toutes les églises de son diocèse, en actions de grâces du rétablissement de la paix. (10 décembre 1783.) — *Paris, C. Simon*, 1783, *in-4°*, 14 *p*.

A l'occasion de la paix avec l'Angleterre.

236. — **Mandement** de Monseigneur l'archevêque de Paris pour le saint temps du carême, qui permet l'usage des œufs depuis le mercredi des Cendres inclusivement jusqu'au dimanche des Rameaux exclusivement, et qui ordonne des prières pour demander à Dieu un temps plus favorable. (20 février 1784.) — *Paris, C. Simon*. 1784, *in-4°*, 26 *p*.

237. — **Mandement** de Monseigneur l'archevêque de Paris pour ordonner des prières au sujet de la grossesse de la reine. (26 novembre 1784.) — *Paris, C. Simon*, 1784, *in-4°*, 6 *p*.

Il y a aussi une édition en 4 pages in-4°.

238. — **Mandement** de Monseigneur l'archevêque de Paris pour le saint temps du carême, qui permet l'usage des œufs depuis le mercredi des Cendres inclusivement jusqu'au vendredi de la semaine de la Passion, exclusivement. (5 février 1785.) —

Paris, *C. Simon*, 1785, *in*-4°, 19 *p*.

239. — **Mandement** de Monseigneur l'archevêque de Paris, qui ordonne que le *Te Deum* sera chanté dans toutes les églises de son diocèse, en actions de grâces de l'heureux accouchement de la reine et de la naissance d'un Duc de Normandie. (31 mars 1785.) — *Paris*, *C. Simon*, 1785, *in*-4°, 10 *p*.

240. — **Mandement** de Monseigneur l'archevêque de Paris, qui permet de faire des quêtes pour la rédemption des Français captifs dans la régence d'Alger. (2 septembre 1785.) — *Paris*, *C. Simon*, 1785, *in*-4°, 10 *p*.

241. — **Mandement** de Monseigneur l'archevêque de Paris, pour ordonner des prières au sujet de la grossesse de la reine. (2 mai 1786.) — *Paris*, *C. Simon*, 1786, *in*-4°, 6 *p*.

242. — **Lettre** pastorale de Monseigneur l'archevêque de Paris au clergé séculier et régulier, et aux fidèles de son diocèse. (1er décembre 1786.) — *Paris*, *C. Simon*, 1786, *in*-4°, 7 *p*.

243. — **Mandement** de Monseigneur l'archevêque de Paris pour le saint temps du carême, qui permet l'usage des œufs depuis le mercredi des Cendres inclusivement jusqu'au dimanche des Rameaux exclusivement. (15 février 1787.) — *Paris*, *C. Simon*, 1787, *in*-4°, 10 *p*.

244. — **Mandement** de Monseigneur l'archevêque de Paris qui ordonne une quête générale dans la ville et le diocèse de Paris, en faveur des paroisses du diocèse qui ont été ravagées par la grêle du 13 de ce mois. (23 juillet 1788.) — *Paris*, *C. Simon*, 1788, *in*-4°, 12 *p*.

245. — **Lettre** pastorale de Monseigneur l'archevêque de Paris pour le soulagement des pauvres pendant les rigueurs de cet hiver. (31 décembre 1788.) — *Paris*, *C. Simon*, 1789, *in*-4°, 12 *p*.

246. — **Mandement** de Monseigneur l'archevêque de Paris pour le saint temps de carême, qui permet l'usage des œufs depuis le mercredi des Cendres inclusivement jusqu'au dimanche des Rameaux exclusivement. (20 février 1789.) — *Paris*, *C. Simon*, 1789, *in*-4°, 17 *p*.

Il y a une autre édition, in-4, en pages.

247. — **Mandement** de Monseigneur l'archevêque de Paris, qui ordonne des prières publiques dans tout son diocèse pour les états généraux du royaume. (24 avril 1789.) — *Paris*, *C. Simon*, 1789, *in*-4°, 20 *p*.

Il y a une autre édition en 21 pages in-4.

* — **Lettre** de Mgr l'archevêque de Paris à M. Oudet... (19 juillet 1789).

Voyez le n° 798.

248. — **Mandement** de Monseigneur l'archevêque de Paris, qui ordonne que le *Te Deum* sera chanté dans toutes les églises de son diocèse, à l'occasion des délibérations prises dans l'Assemblée nationale le 4 de ce mois. (14 août 1789.) — *Paris*, *C. Simon*, 1789, *in*-4°, 12 *p*.

Il y a une autre édition qui est aussi en 12 pages in-4. — A l'occasion de la Déclaration des droits de l'homme.

249. — **Mandement** de Monseigneur l'archevêque de Paris, qui ordonne des prières publiques dans toutes les églises de son diocèse, conformément aux intentions du roi exprimées dans la lettre de Sa Majesté en date du 2 de ce mois. (11 septembre 1789.) — *Paris*, *C. Simon*, 1789, *in*-4°, 15 *p*.

Suivi de la Lettre du roi.

250. — **Mandement** de messieurs les vicaires généraux de Monseigneur l'archevêque de Paris, qui permet l'usage des œufs pendant le carême prochain depuis le mercredi des Cendres inclusivement jusqu'au dimanche des Rameaux exclusivement. (4 février 1790.) — *Paris*, *C. Simon*, 1790, *in*-4°, 4 *p*.

Signé par sept vicaires généraux, et plus bas: « par mandement, Gervais ».

251. — **Mandement** de M. l'archevêque de Paris. (Chambéry, 31 décembre 1790.) — *Paris, imp. Crapart, S.D.* (1790), *in-4°*, 46 *p.*

Le mandement n'occupe que les pages 1-8; les pages 9-46 sont remplies par la reproduction de la Lettre pastorale de l'évêque de Boulogne (Jean René...), que le prélat de Paris « adopte » « comme contenant les vrais principes sur l'autorité spirituelle, la discipline ecclésiastique et et sur le respect et la soumission que l'Église catholique prescrit à l'égard de l'autorité civile ».

252. — **Lettre** pastorale de M. l'archevêque de Paris au clergé séculier et régulier, et aux fidèles de son diocèse. (Chambéry, 7 février 1791.) — *Paris, imp. Crapart*, 1791, *in-4°*, 15 *p.*

Manifeste contre le serment. — Il y a une autre édition, *sans lieu*, 1791, in-8, 21 pages.

253. — **Ordonnance** de M. l'archevêque de Paris au sujet de l'élection faite, le 13 mars 1791, de M. l'évêque de Lydda par MM. les électeurs du département de Paris en qualité d'évêque métropolitain du dit département. (Chambéry, 21 mars 1791.) — *Paris, imp. Crapart, S. D.* (1791), *in-4°*, 8 *p.*

Pièce curieuse; elle est authentique quoique l'évêque constitutionnel y soit dénommé Gobet au lieu de Gobel, — Il y a une autre édition en 14 pages in-8, *Paris, Crapart*, et une troisième, *S. l. n. d.*, in-8, 10 pages.

254. — **Ordonnance** de M. l'archevêque de Paris concernant le Bref de notre très saint père le pape Pie VI sur le serment civique prêté par les ecclésiastiques, sur les élections faites en conséquence des décrets de l'Assemblée nationale, et sur les consécrations de faux évêques dans le royaume de France. (Chambéry, 7 juin 1791.) — *Paris, imp. Crapart*, 1791, *in-4°*, 45 *p.*

Avec le Bref du Pape et sa traduction.

255. — **Mandement** de M. l'archevêque de Paris contenant le nouveau Bref monitorial de N. S. P. le pape Pie VI du 19 mars dernier. (Chambéry, 20 juin 1792.) — *Paris, imp. Crapart*, 1792, *in-4°*, 47 *p.*

---

256. — **Cérémonies** qui seront observées mercredi 20 mars 1782, pour l'installation de Monseigneur de Juigné, archevêque de Paris. — *Paris, imp. de Vve Hérissant, S. D.* (1782), *in-4°*, 4 *p.*

257. — **A Monseigneur** l'archevêque de Paris, duc de Saint-Cloud,... en lui adressant au sujet de sa nomination à l'archevêché les vers ci-après... *Paris, imp. de Vve Thiboust, S. D.* (1782), *in-4°*, 4 *et* 4 *p. précédées de* 1 *f. pour la dédicace.*

Pièce de vers latins, suivie de sa traduction en français. L'auteur a signé la dédicace : « Audet de la Mesenquère, maître ès-arts et de pension à Picpus... »

258. — **Observations** sur le Pastoral de M. de Juigné, archevêque de Paris. (28 octobre 1786.) — *S. L. N. D. in-12°*, 40 *p.*

Il faut y joindre : « Secondes observations... (28 nov. 1786), in-12 de 70 pages; et « Troisièmes observations... (14 janvier 1787), in-12 de 72 pages. — L'auteur de ces écrits anonymes, Noel de Larrière, (1738-1802), était un janséniste déclaré; il a collaboré aux « Nouvelles ecclésiastiques ». Voyez Quérard, *France littéraire*. — Cf. ci-dessus n° 232.

259. — **Dialogue** entre l'archevêque de Paris et le vicaire de huit sols. — *S. L.*, 1789, *in-8°*, 16 *p.*

Pamphlet contre Mgr de Juigné.

260. — **Vaisselle** d'argent de Monseigneur l'archevêque de Paris à la Monnaie. — *S. L. N. D.* (*fin septembre* 1789), *feuillet in-4°.*

«... M. de Juigné, fidèle imitateur de Saint-Landry,... a cru devoir joindre à l'argenterie de son ménage tous les précieux vases de sa chapelle, et envoyer le tout à la Monnaie. »

261. — **Lettre** de Monseigneur l'archevêque de Paris. — *S. L. N. D.* (*octobre* 1789), *in-8°*, 7 *p.*

Apocryphe. — Pamphlet contre Mgr de Juigné.

* — **La paillardise** ecclésiastique... (1789).

Voyez le n° 18.

262. — Du Pin (Richard). — **Messe** nationale parisienne, par M. Richard Du Pin, commandant en second des Volontaires de la Bastille. — *Paris*,

Garnery, et Volland, S. D. (1789), *in*-8°, 24 *p.*

Parodie de la messe; pamphlet contre Mgr de Juigné.

263. — **Mandement** de l'archevêque de Paris, qui ordonne des prières publiques dans tout son diocèse pour l'Assemblée nationale. (1er décembre 1789.) — *S. L. N. D.* (1789), *in*-4°, 16 *p.*

Apocryphe. « Signé pour Mgr, Phisi-religio-aletho-phile. » — Facétie curieuse classée à la Bibliothèque nationale dans la division *Droit canon* ! Il y a une autre édition, *S. l. n. d.*, *in*-8, 23 *pages.*

264. — **L'Archevêque** de Paris à ses diocésains. (4 décembre.) — *Savoye, décembre* 1789, *in*-8°, 20 *p.*

« Donné au pied des Alpes le 4 décembre 1789. » Je ne retrouve pas dans mes notes d'indications suffisantes pour affirmer si cette pièce, que je n'ai plus sous les yeux, est authentique ou supposée. Je pencherais plutôt à croire qu'elle est apocryphe car elle porte sur le titre un fleuron qui représente un sabre supportant un bonnet de la liberté.

265. — **Justification** de M. l'archevêque de Paris. — *S. L. N. D.* (1789), *in*-8°, 8 *p.*

En faveur de Mgr de Juigné ; pièce différente de la suivante.

266. — **Justification** de Monseigneur l'archevêque de Paris. Défense de Mgr l'archevêque de Paris. — *Paris, imp. Gueffier, S. D.* (*décembre* 1789), *in*-8°, 16 *p.*

Publié en faveur de l'archevêque, au moment de son départ.

267. — **Grande** victoire des patriotes brabançons et emprisonnement de l'archevêque de Paris, qui était caché dans Bruxelles et déguisé en Cordelier. — *Paris, imp. Calais, S. D.* (1790), *in*-8°, 8 *p.*

Libelle contre Mgr de Juigné.

268. — **Mandement** de M. l'archevêque de Paris aux curés et prêtres de son diocèse, dénoncé à l'Assemblée nationale comme incendiaire. — *S. L. N. D.* (*janvier* 1791 ?), *in*-4°, 4 *p.*

L'exemplaire de cette brochure qui se trouve à la Bibliothèque nationale (Ld4 3166 Réserve) contient des notes manuscrites qui paraissent émanées d'un adversaire de Mgr de Juigné. La pièce elle-même semble, par son ton général, être un mandement de l'archevêque dépossédé contre Gobel, mais son titre me porte à la classer parmi les pamphlets relatifs à Mgr de Juigné. Cet écrit me semble constituer une petite énigme bibliographique non encore élucidée.

269. — **Regrets** du ci-devant archevêque de Paris relativement aux insultes, torts et griefs qu'il a faits à la nation française. — *S. L. N. D.* (1791), *in*-8°, 7 *p.*

270. — **Lettre** de la Faculté de théologie de Paris à M. de Juigné, archevêque de Paris. (1er avril 1791.) — *Paris, imp. Crapart, S. D.* (1791), *in*-8°, 5 *p.*

Signé : Gayet de Sansale, syndic. — Protestation de fidélité à M. de Juigné. — Français-latin.

271. — Brugière (l'abbé P.) — Discours patriotique prononcé, le 8 mai (1791), par M. Brugière, curé de Saint-Paul, sur l'ordonnance de M. Juigné, ci-devant archevêque de Paris, imprimé à la sollicitation de l'Assemblée générale de la section de l'Arsenal. — *Paris, Bourgeois,* 1791, *in*-8°, 30 *p.*

Violente diatribe contre l'archevêque dépossédé.

272. — Guyot (l'abbé A. J.) — Lettre à M. de Juigné, archevêque de Paris, lors de son retour en France... — *Paris, Hugelet,* 1801, *in*-8°, 16 *p.*

Le nom de l'auteur ne se trouve pas sur le titre, mais seulement au bas de la page 12.

VII. — J.-B.-J. Gobel, premier évêque constitutionnel : ses Mandements, Lettres, etc. 1791-1793. — Pamphlets publiés pour ou contre lui, et autres pièces.

273. — **Lettre** pastorale de M. l'évêque métropolitain de Paris au clergé et aux fidèles de son diocèse. (21 avril 1791.) — *Paris, C. Simon,* 1791, *in*-4°, 36 *p.* (*La dernière page est, par erreur, numérotée* 40.)

— La même. — *Paris, C. Simon,* 1791, *in*-8°, 48 *p.*

C'est la première lettre pastorale de l'évêque constitutionnel. Il annonce la prise de possession de son siège et profite de l'occasion pour renouveler son manifeste en faveur du serment. Cette lettre fut vivement attaquée : Voyez les articles 291-296. — Quoi qu'en dise le catalogue imprimé de la Bibliothèque nationale (tome V, page 309, n° 3534, il n'existe de ce mandement qu'une seule édition in-4°; mais il a aussi été imprimé à la suite d'un mandement de l'évêque de Rouen (L. Charrier de la Roche), en date du 6 mai. (Rouen, imp. Oursel, 1791, in-4°.)

274. — **Lettre** circulaire de M. l'évêque métropolitain de Paris à MM. les curés et autres ecclésiastiques de son diocèse. (7 juin 1791.) — *Paris, imp. C. Simon*, 1791, *in*-8°, 15 *p.*

Cette lettre est particulièrement curieuse; l'évêque schismatique y répètait sur tous les tons qu'il était «enfant soumis de l'Eglise », etc. Il ne réussit qu'à s'attirer une réponse dont les raisonnements étaient péremptoires. — Voyez le n° 302.

275. — **Mandement** de M. l'évêque métropolitain de Paris, qui ordonne un *Te Deum* dans toutes les églises de son diocèse, en actions de grâces de l'heureuse conclusion des travaux de l'Assemblée nationale et de l'acceptation faite par le roi de l'acte constitutionnel; avec des prières publiques pour le salut et la prospérité de l'Etat. (18 septembre 1791.) — *Paris, C. Simon*, 1791, *in*-4°, 24 *p.*

Signé : « J. B. J. (Gobel), évêque métropolitain de Paris. — Par mandement, Devaux, secrétaire ».

276. — **Lettre** de M. l'évêque métropolitain de Paris, contenant des vues de pacification sur les troubles actuels de l'Eglise de France; en réponse à celle de M. Charrier de La Roche, lui annonçant sa démission de l'évêché métropolitain de Rouen. (Octob. 1791.) — *Paris, imp. C. Simon, S. D.* (1791), *in*-8°, 24 *p.*

277. — **Accord** des vrais principes de l'Eglise, de la morale et de la raison sur la constitution civile du clergé de France. Par les évêques des départements, membres de l'Assemblée nationale constituante. — *Paris, Desenne*, 1791, *in*-8°, 1 *f. de titre et* 238 *p.*

— Le même ouvrage, 3e édition. — *Paris, Desenne*, 1792, *in*-8°, VIII-276 *p.*

A la fin de cet ouvrage se trouvent les signatures de plusieurs évêques, en tête desquelles on lit le nom de Gobel. — Barbier en attribue la rédaction à Joachim-Lebreton, mais Quérard, dans la *France littéraire* (tome V. p. 27), donne de sérieux motifs de douter de cette attribution. Ce même bibliographe cite (*Supercheries* I, 1275 *a*) la 2e édition sous la date de 1792, avec un supplément de 46 pages, mais je n'ai jamais vu ni l'un ni l'autre. Voyez l'article suivant.

278. — **Lettre** des évêques constitutionnels, membres de l'Assemblée constituante, au Pape, en lui envoyant l'ouvrage fait pour la défense de la constitution civile du clergé. — *Paris, imp. Desenne*, 1791, *in*-8°, 16 *p.*

Lettre relative à l'ouvrage précédent. Elle porte les signatures des mêmes évêques et est évidemment l'œuvre du même auteur. On la trouve presque toujours reliée à la suite de la 1re édition de l' « Accord des vrais principes... »; elle se trouve reproduite aussi à la page 261 de la 3e édition de cet écrit.

279. — **Lettre** pastorale de M. l'évêque métropolitain de Paris, qui indique des prières publiques pour la prospérité des armes de la nation. (3 mai 1792.) — *Paris, imp. C. Simon*, 1792, *in*-8°, 8 *p.*

Signé : J. B. J.; et, *par mandement* Devaux, secrétaire.

280. — **Mémoire** justificatif du citoyen évêque du département de Paris, et des citoyens vicaires composant son conseil, adressé au Conseil exécutif provisoire. — *Paris, imp. Belin*, 1793, *in*-8°, 39 *p.*

En outre de la signature de Gobel, cette pièce porte (page 28) la signature du « citoyen Gervais, vicaire métropolitain et secrétaire du conseil. » — Le titre de départ, page 3, porte : « Aux citoyens ministres composant le Conseil exécutif provisoire,.. »

281. — **Mémoire** justificatif pour le citoyen Gobel, évêque métropolitain de Paris. — *Paris, C. Simon*, 1793, *in*-8°, 27 *p.*

Brochure curieuse et très importante pour la biographie de Gobel antérieurement à sa nomination à l'évêché de Paris; probablement rédigée pas lui-même.

---

282. — BEAUVAIS (DE). — **Discours** de M. de Beauvais, président de l'assemblée électorale, avant de proclamer M. Gobel, député à l'Assemblée nationale, évêque métropolitain du département de Paris. (17 mars 1791.) — *Paris, imp. Prault*, 1791, *in*-8°, 11 *p.*

On trouve page 7 le « Discours prononcé par

M. Gobel... après avoir été proclamé évêque métropolitain du département de Paris. » — Extrait des registres de l'assemblée électorale.

* — **Ordonnance** de M. l'archevêque de Paris [Juigné] au sujet de l'élection faite le 13 mars 1791, de M. l'évêque de Lydda...

Voyez le n° 253.

283. — **Lettre** à Jean Baptiste Joseph Gobel, évêque de Lydda *in partibus*, usurpateur du siège métropolitain de Paris. — *Paris, (sans nom d'imprimeur,)* 1791, *in*-8°, 16 *p.*

Pamphlet très violent contre Gobel : « Vous avez envahi (*sic*) le *Pallium* à la faveur d'un égarement populaire ;... vous avez ravi en adultère une Eglise qui n'est point en viduité... » etc. Très curieux.

284. — **Opinion** de M. l'évêque de Lydda sur le rapport du comité ecclésiastique, concernant l'organisation du clergé, proposée à l'Assemblée nationale en la séance du mardi 1er juin 1790, et suivie de quelques réflexions. — *Paris, Crapart, S. D.* (1791), *in*-8°, 8 *p.*

Pamphlet contre Gobel, à l'occasion de son intrusion à Paris (avril 1791).

285. — **Lettre** d'une dévote du Marais à M. l'évêque de Lydda, sur son acceptation du siège archiépiscopal de Paris. — *S. L. N. D.* (1791), *in*-8°, 4 *p.*

Signé : M. — Contre Gobel.

286. — **Problème** intéressant proposé à M. l'évêque de Lydda. — *Paris, de l'imprimerie de l'Ami du Roi, S. D.* (1791), *in*-8°, 4 *p.*

Contre Gobel.

287. — **Au nouveau** Lucius de l'Eglise de Paris. — *Paris*, 1791, *in*-8°, 19 *p.*

Contre Gobel.

288. — **Mandement** de M. l'évêque de Paris, relativement à sa promotion au siège métropolitain, et qui permet aux malades l'usage de la viande et des œufs, dans son diocèse, pendant le carême. Et lettre de Mme Lydda sa première femme. — *De l'imprimerie de M. l'évêque, rue du Fouin, S. D.* (1791), *in*-8°, 8 *p.*

Pamphlet contre Gobel (Gobet).

289. — **Cantique** en l'honneur de saint Gobel, premier évêque constitutionnel de Paris, pour servir de pendant à celui de saint Lamourette, premier évêque constitutionnel de Lyon. (Sur l'air : *Turlurette.*) — *S. L. N. D.* (1791), *in*-8°, 8 *p.*

L'exemplaire que j'ai sous les yeux me paraît incomplet du titre. C'est le titre de départ, page 4, que j'ai donné ci-dessus. — Pamphlet contre Gobel. — J'y remarque une note sur ces différentes manières d'écrire son nom : Gobel, Gobet, Gobert, etc.

290. — **Lettre** pastorale de M. l'évêque de Paris au clergé constitutionnel et aux fidèles de son diocèse. (16 avril 1791.) — *Paris, de l'imprimerie de l'évêché, S. D.* (1791), *in*-4°, 4 *p.*

Apocryphe. Le nom de l'évêque est écrit Gobet. — « Que la paix soit au milieu de vous, nos T. C. Fr... » lit-on au commencement de la pièce ; et à la fin : «... Voilà les vraies macérations qui doivent sanctifier le carême, et le sacrifice le plus agréable à Dieu. »

291. — **Lettre** à M. Gobel, évêque titulaire de Lydda et intrus de Paris. (20 avril 1791.) — *Paris, imp. Crapart, S. D.* (1791), *in*-8°, 28 *p.*

Avec cette épigraphe :
« Il aurait volontiers écrit sur son chapeau,
C'est moi qui suis Guillot, berger de ce troupeau. »
— Violent pamphlet contre Gobel en réponse à sa première lettre pastorale. — Une deuxième édition parut peu de temps après la première ; elle est en tous points identique. Voyez les quatre articles suivants.

292. — **Seconde lettre** à M. Gobel, évêque titulaire de Lydda et intrus de Paris. (27 mai 1791.) — *Paris, imp. Crapart, S. D.* (1791), *in* 8°, 27 *p.*

293. — **Troisième** lettre à M. Gobel, évêque titulaire de Lydda et intrus de Paris. (4 juin 1791.) — *Paris, imp. Crapart*, 1791, *in*-8°, 16 *p.*

294. — **Quatrième** et dernière lettre à M. Gobel, évêque titulaire de Lydda et intrus de Paris. (18 juin 1791.) — *Paris, imp. Crapart, S. D.* (1791), *in*-8°, 28 *p.*

Quoi qu'en dise le titre, cette lettre n'est pas la dernière. Voy. l'article suivant.

295. — **V[e] et VIe lettre** à M. Gobel, évêque titulaire de Lydda, et intrus

de Paris. (14 juin-2 octobre 1791.) — *Paris, imp. Crapart*, 1791, *in*-8°, 58 *p*.

296. — **Réfutation** rapide de la première lettre pastorale de M. Gobel, évêque constitutionnel du département de Paris. Pour servir de confirmation aux principaux points de l'ouvrage intitulé : « La nouvelle Eglise de France, contemplée au jour de sa naissance et convaincue de n'être pas l'épouse de Jésus-Christ ». — *Paris, Brille; Guerbart, Me Dufresne, S. D.* (1791), *in*-8°, 28 *p*.

Voyez le n° 298 et cf. 273.

297. — **Mandement** de J. B. J. Gobet (*sic*), évêque de Lydda et de Paris, sur la mort d'Honoré Riquetti-Mirabeau. — *A Paris, se vend à l'archevéché*, 1791, *in*-8°, 11 *p*.

Contre-signé : « Courte-queue, secrétaire » Pamphlet dirigé à la fois contre Gobel et contre Mirabeau. J'ai vu un catalogue de vente dans lequel, le rédacteur n'ayant pas compris que cette pièce était apocryphe, elle était qualifiée de « curieux mandement ». Que les amateurs de *curiosités* se tiennent pour avertis, et se gardent de prendre au sérieux ce *mandement* de l'évêque constitutionnel ainsi que l'a fait l'abbé Jager qui l'a cité comme authentique dans son *Histoire de l'Eglise de France pendant la révolution* (Tome II, p. 261). J'ai entendu une personne compétente reprocher cette bévue à l'abbé Jager, ou plutôt à l'un de ses collaborateurs anonymes (?) l'abbé Leclere (?) ; ces messieurs ne sont pas les seuls coupables de cette méprise : longtemps avant eux, MM. Buchez et Roux l'avaient inséré dans leur *Histoire parlementaire* (1834), tome IX, page 402.

298. — **La nouvelle** Eglise de France, contemplée au jour de sa naissance, et convaincue de n'être pas l'épouse de Jésus-Christ ; par un curé catholique romain, et vrai patriote. — *S. L.* (*Paris, Mme Dufresne; Lacloye*), *la deuxième année de la persécution*, 1791, *in*-8°, 40 *p*.

Contre Gobel et l'Eglise constitutionnelle en général. — Le nom des deux libraires ne se trouve que sur le verso du titre. — Cf. n° 296.

299. — **Baptême**, ou caractères et dénominations de la nouvelle Eglise. — *Paris, chez les marchands de nouveautés*, 1791, *in*-8°, 54 *p*.

Contre l'Eglise constitutionnelle, à l'occasion de l'élection de Gobel.

300. — **Lettre** de M. l'évêque de Lydda, député d'Alsace, département du Haut-Rhin, écrite à ses commettants, relativement à une déclaration d'une partie de l'Assemblée nationale, sur le décret rendu le 13 avril 1790, concernant la religion. — *Paris, Crapart, S. D.* (1790), *in*-8°.

Cf. l'article suivant.

301. — **Correspondance** secrète de M. Gobet (*sic*), évêque de Lydda, contenant : 1° Lettre de M. l'évêque de Lydda au chapitre de Basle, concernant les décrets de l'Assemblée nationale sur ce qui a rapport aux droits temporels et spirituels des princes ecclésiastiques et laïques possessionnés en Alsace. 2° Lettre de M. l'évêque de Lydda à S. A. Mgr le prince-évêque de Basle, pour lui faire part de son élection au siège métropolitain de Paris. (15 mars 1791.) 3° Réponse de S. A. Mgr le prince-évêque de Basle à M. Gobet, évêque de Lydda. 4° Citation édictale contre le sieur Rengguer, neveu de M. l'évêque de Lydda, accusé et convaincu du crime de haute-trahison. (25 avril 1791.) — *S. L. N. D.* (1791), *in*-8°, 20 *p*.

Pamphlet contre Gobel.

302. — **Observations** sur la lettre circulaire de M. Gobel, premier évêque Talleyrandiste de Paris, à ses curés, en date du 9 (*sic*) juin. — *S. L. N. D.* (1791), *in*-8°, 8 *p*.

Réfutation sans réplique du n° 274.

303. — **Lettres** monitoires fulminées par M. de Lydda, évêque de Paris [à l'occasion d'une échelle trouvée dans la tribune des Jacobins, à laquelle était attachée une allégorie jugée insolente, et tendante (*sic*) à détruire la haute opinion que quelques personnes ont conçue des amis de la constitution]. — *S. L. N. D.* (1791), *in*-8°, 12 *p*.

Pamphlet contre Gobel.

304. — **Dialogue** entre M. Gobet et un frère ignorantin. — *A Paris, de*

l'imprimerie d'un catholique, 1791, *in-8°*, 16 *p.*

Contre Gobel.

305. — **Mandement** de M. l'évêque de Paris, portant abolition du carême, et prorogation du carnaval. — *S. L. N. D.* (1792), *in-8°*, 25 *p.*

Signé : Gobel. — Curieuse facétie contre l'évêque constitutionnel.

* — **Lettre** à M. Gobel, métropolitain de l'église constitutionnelle de Paris... (1792).

Voyez les nos 717 et suivants.

306. — **Réclamation** adressée aux évêques de France par des curés de Paris contre l'institution canonique accordée par M. Gobel, évêque métropolitain de Paris, à un prêtre marié, élu à une cure de son diocèse. — *Paris,* 1793, *in-8°*, 64 *p.*

D'après un catalogue.

VIII. — Culte républicain. — Dom Gerle et Catherine Théos. — Culte de la Raison et de l'Etre-Suprême. — Théophilanthropie.

307. — Vadier (M. G. A.). — **Convention** nationale. Rapport et projet de décrets présentés à la Convention nationale, au nom des comités de sûreté générale et de salut public ; séance de 27 prairial an II... — *Paris, Imp. nat., S. D.* (1794), *in-8°*, 16 *et* 22 *p.*

Sur Catherine Théos, Dom Gerle et leur secte. — Il existe de ce rapport trois éditions in-8 et une édition in-16.

308. — Vilate (J.). — **Les mystères** de la Mère de Dieu dévoilés. Troisième volume des « Causes secrètes de la révolution du 9 au 10 thermidor... » — *Paris, l'an III* (1795), *in-8°*, 96 *p. et* 1 *f. de titre.*

Réimprimé en 1825 dans le 28e volume de la collection des Mémoires relatifs à la Révolution, publiée par Baudouin.

309. — **Grande** conversation de la Mère de Dieu avec ses complices. Relation exacte de ce qui s'est passé dans leurs assemblées fanatiques, leurs baisers mystiques, cérémonies, et leur enlèvement. — *Paris, rue Christine, n°* 8, *S. D.* (1794?), *in-8°*.

310. — **Relation** exacte de tout ce qui s'est passé dans les assemblées fanatiques présidée par la prétendue Mère de Dieu... — *Paris, imp. Lerouge et Berthelot, S. D.* (1794?), *in-8°*.

311. — **Vie privée** de Catherine Théos, se disant mère de Dieu, âgée de 78 ans, fille, née à Baranton, département de la Manche, près Avranches. — *Paris, imp., Le Normant, S. D.* (1794?), *in-8°*, 8 *p.*

Cette brochure est citée dans l'*Intermédiaire* du 10 septembre 1865, page 522. — Quelques indications sommaires concernant Cath. Théos et sa secte ont été données dans ce recueil cher aux curieux, tome I, p. 199, 253, 269 ; tome II, page 522, et tome III, page 611. Voyez aussi la Revue des questions historiques, en son premier numéro (1866).

---

312. — Raffron. — **Réflexions** sur le culte et les prêtres. (5 nivôse an II [25 décembre 1793].) — *Paris, G. F. Galetti, S. D.* (1793), *in-8°*.

313. — Dussault (J. J.). — **Lettre** au citoyen Rœderer sur la religion. — *Paris, chez les march. de nouv., an troisième, in-8°*, 16 *p.*

314. — Guibourt. — **Le culte** des arbres, ou Idée de l'état heureux des premiers hommes, guidés par les seules lumières de la raison. Origine du despotisme féodal et superstitieux. Avantage du culte de la Raison sur le culte catholique. Discours prononcé le... 4 ventôse [22 février 1794], à la société populaire de la section de la République, à l'occasion de la plantation de l'arbre de la liberté, par le citoyen Guibourt... Imprimé par ordre de la société. — *Paris, imp. Galletti, an II, in-8°*.

315. — Robespierre (Max.). — **Convention** nationale. Rapport fait

au nom du comité de salut public sur les rapports des idées religieuses et morales avec les principes républicains, et sur les fêtes nationales. Séance du 18 floréal an II [7 mai 1794]... — *Paris, Imp., nat., S. D.* (1794), *in-8°*.

— Autre édition. — *Paris, Imp. nat., S. D.* (1794), *in-8°*.

— Autre édition. — *S. L., an II de la République, in-32.*

— Autre édition. — *Paris, Prévot,* 1831, *in-8°*, 52 *p*.

316. — **Détails** de toutes les cérémonies qui vont être célébrées dans toute l'étendue de la République... en l'honneur de l'Être Suprême... présentés par David et décrétés par la Convention nationale. (18 floréal an II [7 mai 1794].) — *Paris, Prévost, S. D.* (1794), *in-8°*.

317. — **Convention** nationale. Adresse de la municipalité de Paris à la Convention nationale, dans la séance du 27 floréal an II [16 mai 1794]. Imprimée par ordre de la Convention nationale. — *Paris, de l'imprimerie de la commission exécutive de l'instruction publique, S. D.* (1794), *in-8°*, 8 *p*.

Prononcée par Payan, agent national. — Sur la reconnaissance de l'Être Suprême.

318. — **Convention** nationale. Adresse lue au nom des Jacobins de Paris, par Marc-Antoine Julien, membre de la commission exécutive de l'instruction publique, à la barre de la Convention nationale, dans la séance du 27 floréal an II [16 mai 1794]. — Réponse du président de la Convention. — Discours prononcé par le citoyen Couthon, représentant du peuple. Imprimés et envoyés aux communes, sociétés populaires et armées de la République, par ordre de la Convention nationale. — *Paris, Imp. nationale, S. D.* (1794), *in-8°*, 8 *p*.

Même sujet que l'article précédent.

319. — **Convention** nationale. Détail des cérémonies et de l'ordre à observer dans la fête à l'Être Suprême, qui doit être célébrée le 20 prairial [8 juin 1794], d'après le décret de la Convention nationale du 18 floréal, l'an deuxième de la République une et indivisible. Imprimé par ordre de la Convention nationale. — *Paris, Imp. nationale, S. D.* (1794), *in-8°*, 12 *p*.

Edition officielle du programme de la fête.

320. — ROBESPIERRE (Max.). — **Convention** nationale. Discours au peuple réuni pour la fête de l'Être Suprême, décadi 20 prairial an II [8 juin 1794]... Imprimé par ordre de la Convention nationale. — *Paris, Imp. nationale, S. D.* (1794), *in-8°*.

— Autre édition. — Discours au peuple réuni pour la fête de l'Être Suprême, décadi 20 prairial an II... — Second discours..., au moment où l'athéisme, consumé par les flammes, a disparu, et où la sagesse apparaît à sa place... *Paris, imp. Chaudrillié, S. D.* (1794), *placard in-folio*.

Suivant Quérard et Barbier, ce discours n'est pas de Robespierre; il aurait été composé par l'abbé Martin, ex-jésuite, collaborateur de Raynal pour son « Histoire philosophique », mort en 1799.

321. — **Détail** des noms de toutes les fêtes qui seront célébrées, dans toute l'étendue de la République française, à l'honneur de l'Être Suprême, à commencer le 20 prairial [8 juin], décrété par la Convention nationale, le 19 floréal an II [8 mai 1794]. — *S. L. N. D., in-4°*.

322. — **Ordre**, marche et cérémonies de la fête à l'Être Suprême [8 juin 1794]... d'après le plan proposé par David... — *Paris, imp. Lerouge et Berthelot, S. D.* (1794), *in-8°*.

323. — **Liberté**, égalité. Détail des cérémonies et de l'ordre à observer dans la fête à l'Être Suprême qui doit être célébrée le 20 prairial [8 juin 1794], d'après le décret de la Convention nationale du 18 floréal l'an deuxième de la République, suivi de l'hymne à l'Être Suprême. Imprimé par ordre de la Convention. — *S. L.*

N. D., fait sur l'imprimé de l'Imp. nationale (1794), *in*-8°, 8 *p*.

Contient l'hymne de Chénier : « Source de vérité qu'outrage l'imposture ».

324. — **Véritable** détail de la cérémonie qui doit être célébrée le décadi 20 prairial [8 juin 1794], l'indication des places que doivent occuper la Convention nationale, les Sections de Paris,... suivie de l'hymne qui doit être chanté par le peuple... en l'honneur de l'Être Suprême. — *Paris, imp. Millin, S. D.* (1794), *in*-4°.

L'hymne est signé : J.-M. Deschamps.

325. — **Ordre** et marche de la fête à l'Être Suprême, qui aura lieu le décadi prochain, 20 prairial... [8 juin 1794]. — *Paris, S. D.* (1794), *in*-8°.

326. — **Détails** exacts des cérémonies et de l'ordre à observer dans la fête de l'Être Suprême,... [8 juin 1794]. — *Fait sur l'imprimé de l'Imp. nationale, S. D.* (1794), *in*-8°.

327. — **Détails** exacts de l'embellissement des jardins publics et de la Convention nationale, et autres lieux, pour le 20 prairial... — *Paris, Prévost, S. D.* (1794), *in*-8°.

Fête de l'Etre Suprême du 8 juin 1794.

328. — **Rituel** républicain. Fête à l'Être Suprême, exécutée à Paris, le 20 prairial an II [8 juin 1794],... avec la musique des hymnes. — *Paris, Aubry, an II, in*-18.

329. — **Recueil** de pièces patriotiques, à l'occasion de la reconnaissance de l'Être Suprême et de l'immortalité de l'âme, et de la fête qui a eu lieu à Paris et à Auxerre à ce sujet, le 20 prairial, 2e année... [8 juin 1794]. — *Auxerre, imp. Fournier, an II, in*-8°.

330. — **Commission** d'instruction publique. Fêtes à l'Être Suprême. Pièces dramatiques. Rapport et arrêté. (11 messidor an II [29 juin 1794].) — *Paris, imprimerie de la commission d'instruction publique, S. D.* (1794), *in*-8°.

331. — Gouriet. — **Office** républicain, précédé des prières du matin et du soir et des commandements de la patrie, présenté à la Convention nationale. — *Paris, chez l'auteur, an II de la République une et indivisible* [1794], *in*-18.

332. — **Office** des décades, ou Discours, hymnes et prières en usage dans les temples de la Raison. Par les cit. Chénier, Dusausoir, etc. Seconde édition. — *Paris, chez Dufart; chez Langlois fils, IIe année de l'ère républicaine* [1794], *in*-8°, 88 *p*.

Curieux et rare. Le titre de départ dans cette deuxième édition (la seule que j'aie pu me procurer) porte une vignette signée : *Ambacher*, 1792. La première édition, ainsi qu'on le lit dans l' « Avis de l'éditeur », s'était épuisée « en moins d'une décade ». — Ce *paroissien* très intéressant pour l'histoire du culte de la Raison, contient le texte original de l'Hymne à la Liberté, de M.-J. Chénier, ainsi que plusieurs poésies et discours du citoyen Dulaurent.

Tout serait à citer ; une des pièces les plus curieuses est une *prière*, par Dusausoir, que l'auteur met dans la bouche d'un jeune enfant (p. 39). Elle commence par : « Dieu bienfaisant, toi que j'adore... » et se termine par : «... Vive la République ! ». Les pages 45-83 du volume sont occupées par deux Discours de Dulaurent.

Le complément indispensable de ce volume est un ouvrage qui lui fait suite et qui est décrit dans l'article suivant.

333. — **Le culte** des hommes libres, ou Discours, hymnes et prières à l'Etre Suprême, pour servir de suite à « l'Office des décades ». Par les C. Dusausoir et Dulaurent. — *Paris, Dufart, IIe année de l'ère républicaine* [1794], 2 *parties in*-8°.

Comme l'indique son titre, cet ouvrage fait suite au précédent. La pagination commence à 89 (faux-titre qui n'est pas paginé, mais qui compte dans la pagination) et finit à 168 pour la 1re partie. La 2e partie est paginée : 169 (faux-titre non paginé, mais comptant dans la pagination) à 252. Au bas de cette dernière page, on lit : « Fin de la 2e suite de l'*Office des décades* ». Le faux titre de la 1re partie porte : « 1re suite à l'*Office des décades* » ; celui de la 2e partie porte : « 2e suite à... » En outre, le titre se retrouve en tête de la 2e partie tel qu'il est en tête de la 1re.

Cet ouvrage est très curieux. J'y remarque au commencement (pages 93-95) des *Stances à l'Etre Suprême* récitées dans le temple de la Raison, ci-devant église Roch, le décadi 30 floréal an II, par le cit. Dusausoir. Cette pièce est précédée d'une vignette (sabre et bonnet de liberté) avec la devise : *La liberté ou la mort*. — Plus loin, un *Discours sur l'amitié*, par le même ; *Le bon Fils*, par Dulaurent; quelques pièces anonymes; une *Prophétie républicaine*, (en vers) par le C. Dorat-Cubières. J'en passe, mais je veux citer un *Cantique à l'Etre suprême* (anonyme), en 6 couplets, sur l'air de la *Romance du Barbier de Séville, musique de Paesiello !* Ce cantique est de Dusausoir.

334. — **Cérémonie** en l'honneur de l'Égalité, de la Liberté et de la Raison, propre à être exécutée tous les décadis... 2e édition... — *Paris, Aubry, an II, in-8°.*

334 *bis*. — **Hommage** à l'Eternel. Profession de foi des hommes libres sur la vraie religion et l'immortalité de l'âme, reconnue par le Peuple Français dans la séance du 19 floréal [8 mai 1794], pour être récité dans l'étendue de la République française une et indivisible... présenté à la Convention nationale par le citoyen Prévost, de la section Chalier. — *S. L. (Paris), de l'imprimerie de Valère Cailleau, rue de Bièvre, n° 37 ; se trouve chez Prévost, rue Jacques, n° 195... in-folio plano.*

Un exemplaire de ce curieux placard se trouve à la Bibliothèque Carnavalet. Le texte est divisé en deux parties séparées par le faisceau républicain, avec encadrement composé de deux colonnes supportant les bustes de Le Pelletier et de Marat et décorées des statues de l'Égalité et de la Liberté ainsi que des portraits en médaillons de Barra et de Chalier. Le tout est surmonté d'un nuage au milieu duquel rayonne le triangle égalitaire portant un œil au-dessus de ces trois mots : Dieu, Peuple, Loi.

335. — **Cérémonies** à l'usage des fêtes nationales, décadaires et sans-culottides de la République française... par les éditeurs du « Rituel républicain ». — *Paris, Aubry, an II, in-18.*

---

336. — Nougaret (P.-J.-B.) — **Hymnes** pour toutes les fêtes nationales; précédés de réflexions sur le culte exclusif et les prêtres, extraites d'Helvétius; d'une prière à l'Etre Suprême; suivis de couplets patriotiques destinés aux différentes fêtes républicaines, et de poésies relatives à notre Révolution. — *Paris, rue des Anglais, n° 10, près celle des Noyers ; Louvet, (etc.) S. D.* (1796), *in-12, 148 p.*

337. — **Extraits** d'un manuscrit intitulé : « Le Culte des adorateurs », contenant des fragments de leurs différents livres sur l'institution du culte, les observances religieuses, l'instruction, les préceptes et l'adoration. — *Paris, de l'imprimerie du Cercle social, l'an IV de la République, in-8°, 175 p.*

Attribué à A. Daubermesnil. Voyez l'article qui lui est consacré dans la Biographie Hœfer,

338. — **Culte** et lois d'une société d'hommes sans Dieu. — *S. L., l'an Ier de la Raison, VI de la République française, in-8°. 64 p.*

Elucubration bien connue du trop célèbre Silvain Maréchal.

339. — Français (de Nantes). — **Coup d'œil** rapide sur les mœurs, les lois, les contributions, les secours publics, les sociétés politiques, les cultes, les théâtres, les institutions publiques, dans leurs rapports avec le gouvernement représentatif, et sur tous les moyens propres à raffermir la Constitution de l'an III. (14 pluviôse an VI [2 février 1798].) — *Grenoble, Cadou et David aîné, an VI, in-12.*

340. — Brothier. — **Conseil** des Anciens. Rapport sur la résolution du 3 thermidor, ayant pour objet de faire observer comme jours de repos les décadis et fêtes nationales. Séance du 17 thermidor an VI [4 août 1798]. — *Paris, Imp. nat., an VI, in-8°.*

341.—Réveillère-Lépeaux (L.-M.). — **Réflexions** sur le culte, sur les cérémonies civiles et sur les fêtes nationales; lues à l'Institut le 12 floréal an V, dans la séance de la classe des sciences morales et politiques. — *Paris, H.-J. Jansen, an V, in-8°, 45 p.*

Malgré son peu d'étendue, cet écrit est très important et il est à propos de lui consacrer quelques mots. Les « Réflexions sur le culte » sont en effet le seul lien qui rattache à la Théophilanthropie le nom de Larévellière, contrairement à l'opinion commune qui fait de lui le fondateur de cette secte.

La Révolution croyait avoir anéanti pour jamais toute religion qui n'émanât pas directement d'elle-même, et en particulier le culte catholique: les gouvernants sentaient le besoin de le remplacer, au moins comme moyen politique, et ce sont ces idées que Laréveillère développe dans cet ouvrage.

L'auteur débute par poser la distinction de trois sortes d'institutions principales : le culte religieux, les cérémonies civiles (baptême, mariage, funérailles), et les fêtes nationales. A cette question : Faut-il des dogmes et un culte religieux ? il répond qu'il croit impossible qu'un peuple puisse s'en passer. Mais il faut que, tout en étant très simple, ce culte soit pratiqué avec une certaine pompe, une certaine dignité, de façon à frapper l'esprit en même temps et plus que les yeux. Pour arriver à ce but, le culte doit-il être adopté et réglé par la législation ? En thèse générale, c'est une chose dangereuse et contraire aux principes ; seulement il est du devoir du chef de l'État de favoriser *sans le paraître* l'établissement des maximes professées par l'auteur des « Réflexions sur le culte », etc. — Je voudrais pousser plus loin cette analyse, mais je ne dois point oublier que mon rôle de simple bibliographe ne doit point m'autoriser à me transformer ici en historien; aussi me contenterai-je, pour compléter cette note, de résumer un passage des Mémoires de Laréveillère (1). C'est un chapitre de 13 pages (tome II, pages 157-170) intitulé : *Faits relatifs à la Théophilanthropie*. L'auteur y fait lui-même et de son plein gré une déclaration, de laquelle il résulte qu'il ne se mêla en aucune sorte à l'institution de la Théophilanthropie; que celle-ci fut fondée par Valentin Hauy, l'instituteur des jeunes aveugles, lequel s'était joint à d'autres citoyens que Laréveillère ne connaissait pas plus qu'il ne connaissait Hauy lui-même. Ils avaient basé leurs principes sur son écrit (les *Réflexions sur le culte*), mais sans lui en parler avant qu'il fût devenu public; ce fut alors seulement qu'ils vinrent le trouver; il se chargea d'en parler au Directoire et de lui faire sentir les avantages politiques qu'il y aurait à protéger les promoteurs de la nouvelle religion. Ceux-ci furent aidés au moyen des fonds secrets de la police... « Certes les fonds secrets, ajoute Laréveillère, n'ont pas toujours un emploi aussi honnête et aussi utile ». Il assure aussi que ni sa femme ni lui n'ont jamais assisté aux cérémonies des théophilanthropes, et que s'il se défend d'avoir été le fondateur de la Théophilanthropie, ce n'est que par amour de la vérité, car il s'honorerait d'avoir été le créateur d'une institution religieuse si propre à faire valoir les maximes d'une morale aussi sublime... beaucoup plus sublime, naturellement, que celle de la religion catholique, car Laréveillère était avant tout — c'est lui qui le déclare — grand ennemi de « la religion romaine ».

Pour étudier le caractère, la physionomie et les œuvres de Laréveillère, il ne faut pas manquer de consulter, en outre des Mémoires ci-dessus indiqués et des *biographies* auxquelles chacun pense à recourir, l'article que lui a consacré Quérard dans le tome XII (additions et corrections) de la *France littéraire*. C'est par lui que j'ai été mis sur la piste d'un petit volume (décrit ci-dessous n° 343) qui fut publié en 1801 et dans lequel se trouve déjà la déclaration de laquelle il résulte que Laréveillère ne fut pour rien dans l'organisation de la secte morte-née des théophilanthropes.

D'après Grégoire (Histoire des sectes religieuses) la Théophilanthropie fut fondée par Chemin, Moreau, Mandar et Valentin Hauy le 16 décembre 1796; d'après une note que j'ai sous les yeux, mais dont je ne me rappelle pas l'origine, la première cérémonie des théophilanthropes eut lieu en nivôse an V (janvier 1797), rue Saint-Denis, n° 34, au coin de la rue des Lombards. La publication du « Manuel des théoanthropophiles » (voyez ci-dessous le n° 345) avait précédé de deux ou trois mois cette première réunion.

(1) Ces mémoires sont peu connus, aussi importe-t-il de ne pas négliger l'occasion de les signaler. Ils ont été publiés en 1873 par le fils de Laréveillère (Paris, Hetzel, 3 vol. in-8 de xlj-442, 515 et 484 pages) ; des scrupules dont il n'y a pas lieu ici de discuter la valeur en empêchèrent la mise en vente, de sorte qu'ils ne seront livrés au public qu'après la mort d'une personne âgée qui habite une ville de province et est dépositaire de toute l'édition. En attendant, la curiosité des lecteurs n'a pour se satisfaire qu'un exemplaire des mémoires de Laréveillère qui se trouve à la Bibliothèque nationale, dans la Réserve, sous le n° La^{33} 165.

342.—Réveillière-Lépeaux (L.-M.) — **Essai** sur les moyens de faire participer l'universalité des spectateurs à tout ce qui se pratique dans les fêtes nationales. Lu à la classe des sciences morales et politiques de l'Institut national de France, dans la séance du 22 vendémiaire an VI. — *Paris, H.-J. Jansen, an VI, in-8°, 26 p.*

Le titre de cet ouvrage devait trouver ici sa place, non seulement à cause du nom de son auteur, mais aussi à cause des curieuses réflexions qu'il contient sur la pompe *religieuse* des cérémonies *civiles* que le gouvernement républicain avait mises à la mode. « Une invocation générale à l'Eternel en faveur de la liberté française ouvre toutes les fêtes nationales... » (page 14), etc.

343. — **Qu'est-ce que la Théophilanthropie?** Ou Mémoire contenant l'origine et l'histoire de cette institution, ses rapports avec le christianisme, et l'aperçu de l'influence qu'elle peut avoir sur tous les cultes, en réponse aux questions proposées par la société Teylérienne de Harlem, en Hollande; suivi de la réponse qui a été faite en l'an VII aux imputations dirigées contre la Théophilanthropie, à la tribune du conseil des Cinq-Cents. (Epigr. : Examinez avant de juger.) — *Paris, à la librairie classique, Pont Saint-Michel, an X-1801, in-12, 72 et 24 p.*

Une partie de ce que j'ai dit plus haut dans la note du n° 341 s'applique à cet ouvrage. Je me contenterai d'y renvoyer et je n'y ajouterai que peu de chose. L'avertissement est signé J. B. C. (J.-B. Chemin). C'est dans une note de la page 47 que se trouve la déclaration de laquelle il résulte que Laréveillère est resté étranger à l'institution de la Théophilanthropie, déclaration qui est encore renouvelée dans la 2e partie, page 3. — Cette 2e partie, paginée 1-24, n'a pas de titre spécial; elle porte pour titre de départ: *La religion naturelle est-elle absurde, intolérante, contraire aux idées reçues, et conduit-elle au fanatisme?* — Elle est signée: « Par le cit. D., ami de la religion naturelle ». Elle a paru longtemps avant la première, car on lit au bas de la page 24: « Se trouve à la librairie, Pont-Michel, n° 21, au coin de la rue Louis, an 7 ».

Cet ouvrage, ainsi complet, est très rare; il ne figure pas dans le catalogue imprimé de la Bibliothèque nationale, mais on en trouve un exemplaire à la Bibliothèque Carnavalet.

344. — **Principes** fondamentaux de la religion des théophilanthropes, ou adorateurs de Dieu et amis des hommes; contenant l'exposition de leurs dogmes, de leur morale et de leurs pratiques religieuses, avec une instruction sur l'organisation et la célébration du culte. — *Rouen, au bureau de la Vedette, et de l'imprimerie de V. Guilbert et Herment, an VI*-1798, *petit in*-12, 108 *p.*

345. — **Manuel** des théophilanthropes, ou adorateurs de Dieu et amis des hommes; contenant l'exposition de leurs dogmes, de leur morale et de leurs pratiques religieuses, avec une instruction sur l'organisation et la célébration du culte; rédigé par C*** [Chemin-Dupontès], et adopté par les sociétés théophilanthropiques établies à Paris. Seconde édition. — *Paris, au bureau de l'Abeille politique et du Courrier de la librairie, an V*-1797, *in*-18, 60 *p.*

Sorte de catéchisme ou de manuel moral.

La première édition de ce « Manuel » est fort rare. Elle a pour titre: « Manuel des théoanthropophiles... » Pour cause d'euphonie on changea cette première appellation en celle de théophilanthropes et l'on fit réimprimer le titre du « Manuel » avant l'écoulement entier de la première édition. — Il existerait, paraît-il, une *troisième* édition, avec le nom de l'auteur (Paris, chez l'auteur, rue de la Harpe, n° 307, an VI, in-18, 54 p.) que je ne connais que par la citation qui en a été faite dans l'*Intermédiaire*, tome XII, année 1880, p. 49. Elle me semblerait distincte de celle qui est décrite sous le numéro suivant.

J'ai rencontré aussi la simple indication d'une édition imprimée à Epinal en 1797.

346. — **Manuel** des théophilanthropes, ou adorateurs de Dieu et amis des hommes; contenant l'exposition de leurs dogmes, de leur morale et de leurs pratiques religieuses, avec une instruction sur l'organisation et la célébration du culte. Rédigé par C***. — *Paris, au bureau des ouvrages de Théophilanthropie, rue de la Harpe, n°* 307, *an VI*-1798, *in*-18, 59 *p.*

En raison de la date que porte cette édition elle est postérieure à la précédente; cependant elle ne porte sur le titre aucune mention qui l'indique d'une façon précise. — Le Manuel a été traduit en italien (Turin, an VII, in-18).

347. — **Instruction** élémentaire sur la morale religieuse, par demandes et par réponses, rédigée par l'auteur du « Manuel des théophilanthropes... », et enseignée dans les temples théophilanthropiques établis en France. — *Paris, au bureau du Courrier de la librairie, an V*-1797, *in*-18, 48 *p.*

348. — **Instruction** élémentaire sur la morale religieuse, par demandes et par réponses, rédigée par C***. — *Paris, au bureau du Courrier de la librairie, rue de la Harpe, n°* 307, *près celle du Foin, an VI*-1798, *in*-18, 2 *f.* et 36 *p.*

Cette édition et la précédente sont anonymes, mais en voici une autre avec le nom de l'auteur.

349. — Chemin (J.-B.) — **Instruction** élémentaire sur la morale religieuse, par demandes et par réponses, rédigée par J.-B. Chemin, et approuvée par le jury d'instruction publique. — *Paris, chez l'auteur, rue de la Harpe, n°* 307, *an VI, in*-18, 35 *p.*

Nouvelle édition de l'article précédent. — Ouvrage destiné aux jeunes enfants.

350. — **Année** religieuse des théophilanthropes... publiée par l'auteur du « Manuel »... — *Paris, au bureau du Courrier de la librairie, an V* (1797)-*an VI*, 4 *vol. in*-18, 214, 180, 162, et 131 *p.*

Le tome Ier porte aussi, « *Au bureau de l'Abeille politique* »; sur la garde du tome II on lit: « faisant la troisième et partie de la quatrième livraison ». — Il y a aussi une édition, avec le nom de l'auteur, et la date de l'an VI, en 2 vol. in-18 de 159 et 172 p. — Voyez les deux articles suivants.

351. — **Année** religieuse des théophilanthropes ou adorateurs de Dieu et amis des hommes; recueil de discours et extraits sur la religion et la morale universelles pour être lus, pendant le cours de l'année, soit dans les temples publics, soit dans les familles. Publié par l'auteur du « Manuel des théophilanthropes ». — *Paris, au bureau des ouvrages de la Théophilanthropie, an VI-1797*, 4 *vol. petit in*-12, 167, 182, ..., *et*... *p.*

Mélange de prose et de vers. On y trouve quelques morceaux de J. B. Rousseau.

352. — **Année** religieuse des théophilanthropes... — *Amsterdam, chez J. Van Gulick*, 1798, 4 *vol. petit in*-12, 167, 182, 216 et 131 *p.*

Réimpression presque textuelle des éditions précédentes.

353. — CHEMIN (J.-B.) — **Rituel** des théophilanthropes, contenant l'ordre de leurs différents exercices, et le recueil des cantiques, hymnes et odes adoptés dans les différents temples, tant de Paris que des départements; rédigé quant à la partie des invocations et formules, publié et distribué quant à la partie des chants, par J.-B. Chemin, auteur des livres élémentaires de la Théophilanthropie. — *Paris, chez l'éditeur, rue de la Harpe, n*° 307, *an VI, in*-18, 100 *p., avec* 23 *planches de musique gravée.*

Le « Rituel » a été traduit en allemand (Leipzig, 1798, in-8).

354. — **Recueil** de cantiques, hymnes et odes, pour les fêtes religieuses et morales des théophilanthropes ou adorateurs de Dieu et amis des hommes; précédé des invocations et formules qu'ils récitent dans les dites fêtes. — *Paris, au bureau des ouvrages de la théophilanthropie, rue de la Harpe, n*° 307, *an VI*-1798, *in*-18, 54 *p., avec* 4 *planches de musique gravée.*

355. — **Recueil** de chants philosophiques, civiques et moraux, à l'usage des fêtes nationales et décadaires. — *Paris, Chemin, an VII* (1799), *in*-12, XII-156 *p.*

Le faux-titre porte seulement : « Chants civiques ».

356. — **Le culte** des théophilanthropes ou adorateurs de Dieu et amis des hommes; contenant leur Manuel et un recueil de discours, lectures, hymnes et cantiques pour toutes leurs fêtes religieuses et morales. Seconde édition. — *Basle, de l'imprimerie de J. Decker*, 1797-1798, 4 *parties in*-12, 78, 88, 72, *et* 90 *p.*

Ces quatre petits volumes ont une couverture, sur papier rose, encadrée d'un double filet noir, avec enjolivements et un titre : « Le culte des théophilanthropes, n° I », n° II, n° III, n° IV. — Je ne connais cet ouvrage que par la description qui en a été donnée dans « l'Intermédiaire des chercheurs et curieux » (tome XII, année 1879, p. 644). Il est peut-être de J.-B. Chemin-Dupontès : une partie de son « Manuel » (Voyez ci-dessus le n. 345) se trouve, paraît-il, reproduite dans le n° 1.

357. — CHEMIN (J.-B.) — **Code** religieux et moral des théophilanthropes ou adorateurs de Dieu et amis des hommes; contenant : 1° le « Manuel »..., 2° le « Rituel »., 3° « l'Instruction élémentaire de morale »... 4° « l'Année religieuse »... Le tout rédigé et mis en ordre par J.-B. Chemin. — *Paris, chez l'éditeur, rue de la Harpe, n*° 307, *près celle du Foin, an VI, in*-18.

Sous ce titre, on a publié un recueil factice des ouvrages à l'usage de la secte. Ces recueils sont diversement composés; on en rencontre qui contiennent 46 pages de musique notée (plain-chant).

358. — CHEMIN (J.-B.). — **Code** de religion et de morale naturelle, à l'usage des adorateurs de Dieu et amis des hommes; rédigé,... par J.-B. Chemin, adopté par les différents conseils de direction de la Théophilanthropie, et constamment suivi depuis l'origine de ce culte. Nouvelle édition. — *Paris, chez l'auteur, rue de la Harpe, n*° 307, *près celle du Foin, an VII, gr. in*-12, XXIV-264 *p.* 1 *fig. coloriée et* 24 *p. de musique notée.*

La figure représente un « professeur du culte de la religion naturelle »; il est vêtu d'un habit français bleu, d'une ceinture rose et porte par dessus le tout une robe ou manteau de couleur blanche. — Ce volume est intéressant parce qu'il est précédé d'un « Précis historique ». Le reste du volume est emprunté au *Manuel*, au *Rituel*, et à l'*Instruction élémentaire*.

359. — Cubières (Michel de). — **Le Calendrier** républicain. Poème lu à l'assemblée publique du Lycée des arts le 10 frimaire an III, avec la traduction en italien... suivi de 36 hymnes civiques pour les 36 décadis de l'année... et de plusieurs autres poèmes, par Cubières, citoyen français. — *Paris, Mérigot; Chemin, an septième* [1799], *in-8°, 2 f. de tit., et 181 p.*

260. — Dubroca. — **Discours** sur la Paix, prononcé dans plusieurs temples de théophilanthropes, le 30 frimaire de l'an VI [20 décembre 1797]. — *Paris, l'auteur, an VI* (1797), *in-8°, 16 p. et 1 f. de musique.*

361. — Palissot. — **Questions** importantes sur quelques opinions religieuses, publiées pour la première fois le 30 novembre 1791. Troisième édition, dédiée aux théophilanthropes, pour les lectures décadaires. — *Paris, imp. Hautbout, an VI, in-12, 42 p.*

362. — **Ecole** théophilanthropique. Prospectus. — *S. L. N. D.* (*Paris*, 1797), *in-8°, 3 p.*

Curieuse annonce, signée : A.-J.-B. Chapuis, d'une école « qui sera en activité le premier juillet prochain, cloître ci-devant Notre-Dame ». — « Pères et mères, l'esprit et le cœur de vos enfants seront également cultivés... » etc.

363. — Hayard. — **Détail** de l'événement arrivé à Mme Angot, en sortant d'une société de théophilanthropes. Sa grande colère à ce sujet. — *Paris, imp. P.-A. Allut, S. D.* [1798 ?], *in-8°, 4 p.*

364. — **Conte.** Vers adressés au citoyen Hauy, instituteur des aveugles-nés, et l'un des plus zélés apôtres de la secte des théophilanthropes. — *S. L. N. D.* (1798?), *feuillet in-8°.*

Contre les théophilanthropes.

365. — **Le Théophilanthrope** dévoilé. — *Paris, imp. des Amis réunis, S. D.* (1799), *in-8°, 7 p.*

Signé : Par Fr. J***. (Nicolas François Jacquemart.) — Contre la nouvelle secte. Ce personnage était un catholique zélé. Voyez le Discours préliminaire de l'ouvrage que j'ai catalogué ci-dessous, n° 449.

366. — Wandelaincourt (A.-H.). **L'Ami** des théophilanthropes, ouvrage dans lequel on examine avec impartialité le culte des théophilanthropes d'aujourd'hui, par A.-H. Wandelaincourt, évêque et ex-député de la Haute-Marne. — *Châlons; et Paris, Dubois, imprimeur, rue Saint-Jacques, n° 278, vis-à-vis celle du Plâtre, an VIII, in-18, 60 p.*

Cité d'après une note ms. ancienne. — Cette note mentionne en plus que l'ouvrage a paru en mai 1800, qu'il est bon, mais faible... etc. — Je n'ai pas pu me procurer cet ouvrage ; la note indiquée ci-dessus ne dit pas qu'il soit anonyme ; cependant Quérard et Barbier le citent comme tel, et *s. l. n. d.* Quérard ajoute seulement que c'est une « satire dans laquelle l'auteur signalait les maximes de la Théophilanthropie ».

367. — Wandelaincourt (A.-H.). — **Réflexions** philosophiques sur les systèmes des athées, des anti-chrétiens, des anti-prêtres, et sur celui de Réveillère-Lépaux ; avec des réponses particulières à toutes les objections contre la religion chrétienne et le culte catholique ; par Ant.-H. Wandelaincourt, membre du conseil des Cinq-Cents, et évêque du département de la Haute-Marne. — *Se trouve à Paris, au bureau de l'imprimerie-librairie chrétienne,... an de J.-C.* 1797, *an V°, in-8°, IV-125 p.*

368. — Luques. — **Manifeste** des catholiques contre les sociétés des théophilanthropes. — *Paris, se trouve rue de la Parchemineric, n° 209, S. D.* (1797 ?), *in-8°, 4 p.*

369. — **Profession** de foi chrétienne et catholique en opposition aux impiétés des théophilanthropes et des erreurs des schismatiques constitutionnels. — *S. L., décembre* 1797, *in-12, 79 p.*

370. — Denis. — **Les Crimes** des théophilanthropes dévoilés par les catholiques. — *Paris, Allut, S. D.* (1797?) *in-8°, 4 p.*

371. — **Grande** discussion entre les catholiques et les théophilanthropes, sur l'abolition des dimanches. Dialogue sur les religions par des ministres des deux cultes. — *Paris, imp. C.-J. Gelé, S. D.* (1797), *in*-8°, 4 *p*.

En faveur de la Théophilanthropie.

372. — DENIS. — **Liberté** de la presse. Les catholiques et les philanthropes (*sic*) traités comme ils le méritent. — *Paris, imp. P.-A. Allut, S. D.* (1797), *in*-8°, 4 *p*.

Même pièce que la précédente, à quelques différences près.

373. — **Dispute** du diable entre M. Dimanche, la citoyenne Décade, le curé de la paroisse des Innocents, le curé des théophilanthropes. Réconciliation de la Décade avec le Dimanche. — *Paris, rue des Prêtres-Séverin, n°* 169, *S. D.* (1797), *in*-8°, 8 *p*.

On lit à la fin : « Signé : Astaroth ; traduit de l'hébreu par Isaac-Nathan ».

374. — DENIS. — **Porte-feuille** du concile catholique, trouvé par un théophilanthrope. — *Paris, Allut, S. D.* (1797), *in*-8°, 4 *p*.

En faveur de la Théophilanthropie.

375. — **La pelle** au cul, donnée aux théophilanthropes par les catholiques. Vous allez voir ce que vous allez voir... Dialogue entre un catholique et un théophilanthrope. — *Paris, imp. Leguay, S. D.* (1797), *in*-8°, 4 *p*.

En faveur des théophilanthropes.

376. — **Les catholiques** et philanthropes dévoilés aux yeux de la France et de l'Europe entière ; moralité des chefs des institutions théophilanthropiques. Nom des églises où siégera le vrai culte. — *Paris, imp. Gelé, S. D.* (1797), *in*-8°, 8 *p*.

« Le vrai culte » c'est la Théophilanthropie. Pièce intéressante à cause de la liste des églises où celle-ci était pratiquée.

377. — **Liberté** de la presse. Catholiques, fermez vos portes, les théophilanthropes ont vos clefs. — *Paris, imp. Desseinferjeux, S. D.* (1797), *in*-8°, 4 *p*.

Signé : Pierre C. (Colau). — Pamphlet anticatholique à l'occasion de la transformation des églises en temples théophilanthropiques.

378. — LUQUES. — **Liberté** de la presse. Déclaration du général Buonaparte aux sociétés théophilanthropiques. — *Paris, imp. Desseinferjeux, S. D.* (1797), *in*-8°, 4 *p*.

En faveur de la Théophilanthropie.

379. — **Relation** de ce qui s'est passé dans plusieurs villages entre les catholiques et les théophilanthropes. (30 frimaire an VI [20 décembre 1797].) — *Paris, citoyenne Prévost, S. D. in*-8°, 4 *p*.

Contient quelques détails sur le culte théophilanthropique à Epinay-sur-Orge.

— * **Réflexion** sur le détail de tout ce qui s'est passé hier à Notre-Dame... (1797).

Voyez le n° 833.

380. — LUQUES. — **Détail** exact de la conspiration découverte des philanthropes (*sic*). Noms de tous ceux qui ont été arrêtés cette nuit et conduits au Temple, où il se trouve plusieurs ex-députés chefs de la conspiration. — *Paris, imp. Desseinferjeux, S. D.* (1797), *in*-8°, 4 *p*.

381. — **Les Théophilanthropes** soutenus par Bonaparte, son discours sur la religion et sa prière à l'Éternel. — *Paris, imp. Augustin, S. D.* (1797), *in*-8°, 4 *p*.

382. — **La visite** de Bonaparte aux théophilanthropes, sa prière à l'Eternel, et le détail et la liste de tous ceux qui assisteront au banquet civique donné à Bonaparte. — *Paris, chez la citoyenne Prévost, S. D.* (1797), *in*-8°.

Relatif à la fête de la Paix du 20 frimaire an VI (20 décembre 1797).

383. — **Crimes** et forfaits des théophilanthropes, ou les torts de toutes les factions réconciliées en présence de Buonaparte. Fêtes civiques à ce sujet. Serment d'oublier toutes les horreurs commises dans la Révolution. Peine portée contre celui qui oserait

rappeler les qualifications propres à réveiller l'esprit de parti. — *Paris, citoyenne Prévost, S. D.* (1797), *in*-8°, 8 *p.*

En faveur des théophilanthropes. — J'ai renoncé à reproduire l'orthographe fantaisiste du titre de cette pièce. Voyez, du reste, l'article suivant.

384. — **Vatan,** que je prene ta place, ou le théophilantrope démasqué, conférance antre un prêtre et un théophilantrope. — *Paris, citoyenne Prévost, S. D.* (1797), *in*-8°, 8 *p.*

Même pièce que la précédente à quelques différences près.

385. — **Discours** sur l'anniversaire de la Théophilanthropie, prononcé le 20 nivôse an VI de l'ère républicaine [9 janvier 1798], dans plusieurs temples du département de la Seine. — *Paris, imp. Leguay, S. D.* (1798), *in*-8°, 16 *p.*

Le titre de départ, page 3, porte : « Discours sur la Théophilanthropie, par J.-F. Dubroca.

386. — Guyot (A.-J.). — **La paix** et l'union entre les Français, ou la tiare illustrée, ouvrage suivi de trente-quatre notes curieuses et intéressantes, dont deux fort amples, contenant environ soixante pages, établissent les principes et présentent une saine critique de la nouvelle religion qui s'élève actuellement dans Paris sous le nom de Théophilanthropie. — *Paris, Levacher, an VI de la République,* [1798,] *in*-8°, 234 *p.*

Le titre de départ porte : « La paix et l'union entre les Français... Vœu offert au pape Pie VI dans la vingt-troisième année de son pontificat... ».

387. — Pélissard (L.-L.) — **L'origine** du culte romain et de la Théophilanthropie, avec une dissertation sur l'Apocalypse de Saint-Jean, qui a prédit tous les événements actuels. — *Paris, chez l'auteur, l'an VI, in*-8°, 27 *p.*

388. — **La queue** des prêtres et le poil follet des théophilanthropes, par un arrière-neveu de Rabelais, du côté des femmes. — *Paris, L'Enfant, S. D.* (1798), *in*-8°, 4 *p.*

389. — **Rapport** fait au Corps législatif par L. Bonaparte et François (de Nantes), au nom de la commission des onze, concernant les triomphes de la religion catholique, la mort des théophilanthropes ou leurs fourberies dévoilées aux yeux de la France et du Corps législatif. — *Paris, Dumaka, S. D.* (1799), *in*-8°, 8 *p.*

390. — **La mort** des théophilanthropes, ou leurs fourberies secrètes dévoilées aux yeux de la France et de l'Europe entière, par N. M. D***, prêtre catholique. — *Paris, Dumaka, S. D.* (*juin* 1799), *in*-8°, 8 *p.*

Du 4 messidor an VII, d'après une note ms. contemporaine.

391. — **Comité** secret de la vallée de Montmorency, par le directeur Réveillière et un personnage très connu. Révélations faites par ce directeur de choses surprenantes qui étonneront la France entière. — *Paris, chez Denis, S. D.* (1799), *in*-8°. 8 *p.*

Pamphlet contre Laréveillère et les théophilanthropes. — Laréveillère s'est plaint dans ses Mémoires de ce que les catholiques et les royalistes l'aient regardé à tort comme le fondateur de la Théophilanthropie. Tout en acceptant comme sincère la déclaration par laquelle il a prétendu établir qu'il était resté étranger à cette institution (V. ci-dessus le n°s 341 et 343), on ne pouvait passer ici sous silence le titre de ce pamphlet ni celui des suivants qui le visent directement et l'englobent avec le culte théophilanthropique dans les mêmes invectives, au moment où lui-même tombant du pouvoir, celui-ci commença à perdre son crédit auprès des Parisiens.

392. — **Dialogue** entre La Réveillère et Treillard. — *S. L. N. D.* (1799), *feuillet in*-8°.

Pamphlet en vers contre Laréveillère.

393. — Fournier. — **Testament** et mort de La Réveillère-Lépaux, chef des filoux en troupes. — *S. L. N. D.* (1799), *in*-8°, 8 *p.*

Filoux en troupes : Philanthropes ! Violent pamphlet contre Laréveillère. Voyez les deux articles précédents.

394. — **Lettre** écrite par les théophilanthropes avant de mourir. (5 messidor an VII [23 juin 1799].) —

Paris, imp. Pellier, S. D. (1799), *in-8°, 16 p.*

Défense de la Théophilanthropie. Pièce curieuse.

395. — Colau (P.). — O ! pour le coup, le bon Dieu est assommé ! Voilà la résurrection des théophilanthropes et leur manifeste foudroyant aux partisans de la religion de nos pères. — *Paris, imp. de J. Philippe, S. D.* (*an VII*-1799), *in-8°, 8 p.*

Pamphlet anti-catholique.

396. — **Ordre** des fêtes religieuses et morales qui doivent être célébrées, pendant l'an IX, par la Société de religion actuelle du temple de la Victoire (Sulpice). Suivi du règlement d'organisation de cette société. (17 floréal an VIII [7 mai 1800].) — *Paris, au vestiaire du temple, l'an IX, in-8°, 22 p.*

Le titre de départ porte en plus : « Religion naturelle ».

397. — **Lettre** du ministre de la police générale de la République, qui fait défense aux théophilanthropes de s'assembler davantage dans les endroits ci-cessus indiqués, par ordre du gouvernement. — *Paris, imp. de Vve Leroux, S. D.* (1802), *in-8°, 4 p.*

Signé : Fouché.

398. — **Sur l'interdiction** du culte de la religion naturelle, dit Théophilanthropie. (21 ventôse an X [12 mars 1802].) — *Paris, se trouve à la librairie classique, pont Saint-Michel, S. D.* (1802), *in-8°, 8 p.*

Défense de la Théophilanthropie.

¶ 399. — Les théophilanthropes ont eu leur journal : « Journal des théophilanthropes, ou recueil de morale universelle, à l'usage des hommes de toutes les religions, de tous les pays, de tous les états et métiers », in-8°. — n°s 1-22, du 10 germinal au 15 messidor an VI (30 mars — 3 juillet 1798). Il parut d'abord 3 fois, puis 2 fois par décade. Il eut différents titres : à partir du n° 2 : « Journal. L'ami des théophilanthropes... » ; à partir du n° 7 : «... Par les citoyens Lambert et Cie ». — M. Hatin a fait erreur en prenant ces titres pour ceux de deux journaux différents.

IX. — Concile de 1797.

400. — **Lettre** circulaire. Les évêques réunis à Paris à . (1er avril 1796.) — *S. L. N. D. in-8°.*

401. — Guyot (l'abbé J.-A.) — **Conférence** d'un curé du nord avec un ancien archidiacre de la métropole de Paris, au sujet de la réunion des prêtres assermentés et non assermentés. — *Paris, à l'imp. du Télégraphe, 1796, Ve année républicaine, in-8°.*

402. — **Le buveur** de sang démasqué, dialogue entre un prêtre et un escamoteur. — *S. L. N. D.* (*vers* 1797), *in-8°.*

L'exemplaire que j'ai sous les yeux contient 14 pages, mais il est évidemment incomplet. — Pamphlet contre les prêtres et la religion, publié à l'époque du concile.

403. — **Lettre** d'un prêtre de Paris non assermenté, ou Réponse à l'imprimé intitulé : « L'Eglise gallicane au clergé de l'Église de Paris, ou Lettre à plusieurs administrateurs du diocèse... » — *Paris, Le Clère, 1797, in-8°, 39 p.*

404. — **Mandement** du presbytère de l'église métropolitaine de Paris... qui ordonne qu'il sera chanté un *Te Deum* dans toutes les paroisses du diocèse, en action de grâces de la victoire remportée par l'armée d'Italie. (30 janvier 1797.) — *Paris, libr. chrétienne, S. D.* (1797), *in-4°.*

405. — **Lettre** circulaire des évêques réunis à Paris, concernant les travaux préparatoires à la tenue du concile national. (25 mars 1797.) — *Paris, imp. libr. chrétienne, S. D.* (1797), *in-8°.*

406. — **Lettre** pastorale du synode diocésain. — *Paris, 1797, in-8°, 16 p.*

D'après un catalogue.

407. — Grégoire (H.) — **Compte rendu**, par le citoyen Grégoire, au concile national, des travaux des

évêques réunis à Paris. Imprimé par ordre du concile national. — *Paris, imp. librairie chrétienne,* 1797, *an VI, in-8°.*

408. — **Canons** et décrets du concile national de France, tenu à Paris en l'an de l'ère chrétienne 1797, commencé le 16 août (28 thermidor an V...), et terminé le 12 novembre (22 brumaire an VI). Mis en ordre par les évêques réunis à Paris. — *Paris, imp. libr. chrétienne, an de J. C.* 1798, *an VI de la Rép., in-18,* XXXII-363 *p.*

409. — **Journal** du concile national de France, tenu à Paris, et commencé le 15 août 1797. — *Paris, imp. libr. chrétienne, in-8°.*

22 numéros, du 17 août au 15 novembre 1797, formant 176 pages, avec pagination suivie.

410. — GUILLON (l'abbé M.-N.-S.) — **Collection** générale des brefs et instructions de N. T. S. P. le pape Pie VI, relatifs à la Révolution française. Traduction nouvelle, avec épître dédicatoire... et table alphabétique pour tout l'ouvrage. — *Paris, Le Clère,* 1798, 2 *vol. in-8°.*

Il faut au second volume un supplément de 64 pages (pagination séparée); la table alphabétique (30 pages) a aussi une pagination à part. — Recueil important.

411. — **Collection** des pièces imprimées par ordre du Concile national de France. — *Paris, imp. libr. chrétienne,* 1797- *an VI, in-8°.*

Recueil factice de diverses pièces qui avaient d'abord été publiées séparément, et dont les plus intéressantes sont décrites ci-après (n°s 412-416).

412. — **Lettre** synodique du concile national de France aux pasteurs et aux fidèles sur les moyens de rétablir la paix religieuse. — *Paris, imp. libr. chrét., S. D.* (1797), *in-8°,* 23 *p.*

Signée : Lecoz. — Cette lettre fut suivie de trois autres sur des sujets différents.

413. — **Décret** de pacification proclamé par le concile national de France dans l'église métropolitaine de Paris, le dimanche 24 septembre 1797 (3 vendémiaire an VI). — *Paris, imp. libr. chrétienne,* 1797-*an VI, in-8°,* 40 *p.*

414. — **Instruction** du concile national, sur le serment décrété le 19 fructidor an V de la République. — *Paris, imp. libr. chrétienne, S. D.* (1797), *in-8°,* 16 *p.*

Signée : Lecoz, président, etc. 8 septembre 1797.

415. — **Lettre** des évêques et des prêtres assemblés à Paris, en concile national, à leurs frères les évêques et prêtres résidents en France. — *Paris, imp. libr. chrétienne, an de J.-C.* 1797 (*an V*), *in-8°,* 15 *p.*

Signé : Lecoz, président, etc.

416. — **L'Eglise** de France assemblée en concile national, à N. T. S. P. le pape Pie VI. — *Paris, imp. libr. chrétienne, S. D.* (1797), *in-8°,* 16 *p.*

Signé : Lecoz, président, etc. 25 août 1797. — Suivi de la traduction latine.

417. — CHÉNIER (M.-J.) — **Pie VI** et Louis XVIII : conférence théologique et politique trouvée dans les papiers du cardinal Doria ; traduite de l'italien. Seconde édition enrichie de notes historiques. — *Paris, Laran, an VI, avec approbation, et aux dépens du concile national de France, in-18,* 24 *p., papier vélin.*

Dialogue en vers contre le pape et la religion.

418. — **Recueil** des décisions du Saint-Siège apostolique, relatives à la constitution civile du clergé et aux affaires de l'Eglise de France, depuis 1790 jusqu'en 1799. Contenant deux suppléments importants et deux tables essentielles, l'une chronologique, l'autre alphabétique. — *Rome,* 1800, 3 *vol. in-12.*

X. — J.-B. Royer, deuxième évêque constitutionnel; août 1798 à septembre 1801; Mandements et pièces diverses.

419. — ROYER (J.-B.). — **Lettre** pastorale de l'évêque de l'église métropolitaine de Paris. (4 septembre 1798.) — *Paris, imp. Baudelot et Eberhart, S. D.* (1798), *in-8°*, 44 *p.*

Prise de possession de son siège. Pièce intéressante.

420. — ROYER (J.-B.). — **Mandement** du révérendissime évêque métropolitain de Paris, qui ordonne de chanter un *Te Deum* pour la paix [de Lunéville]. — *Paris, imp. Baudelot et Eberhart, S. D.* (1801), *in-8°*, 12 *p.*

En date du 20 mars 1801.

421. — ROYER (J.-B.). — **Lettre** circulaire du RR. évêque métropolitain de Paris aux RR. évêques de l'Église gallicane, en réponse à plusieurs évêques qui lui ont écrit sur les inculpations dirigées contre lui dans les *Annales*, et sur la tenue projetée d'un concile national. (21 avril 1801.) — *Paris, imp. Baudelot et Eberhart, S. D.* (1801), *in-8°*, 15 *p.*

422. — ROYER (J.-B.). — **Instruction** pastorale du révérendissime évêque métropolitain de Paris, sur la paix civile et religieuse. — *Paris, imp. Baudelot et Eberhart, S. D.* (1800), *in-8°*, 55 *p.*

Signé : J.-B. Royer, évêque ; Aug. Baillet curé de Saint Médard, secrétaire. — 1er juillet 1800.

---

423. — **Grande dénonciation** des attentats commis par le sieur Royer, député à l'Assemblée nationale, et soi-disant évêque du département de l'Ain, contre la vérité, le bon sens, la justice et la religion. — *S. L. N. D.* (1791), *in-8°*, 38 *p.*

Violente critique de la « lettre prétendue pastorale » adressé par J.-B. Royer aux fidèles de son diocèse en 1791, dès le début de la période constitutionnelle, alors qu'il accepta le siège épiscopal de Bourg.

424. — **Lettre** d'un paroissien de Saint-Roch à J.-B. Royer se disant évêque métropolitain de Paris. — *S. L. N. D.* (*vers* 1799), *in-8°*, 39 *p.*

Par l'abbé Boulogne (??) d'après une note ms.

425. — **Apologie** de l'usage de la langue française dans l'administration des sacrements, en exécution de l'art. III du 2e décret du Concile national sur la liturgie, contre les réclamations des RR. Royer, évêque métropolitain de Paris, et Saurine, évêque de Dax. — *Paris, imp. libr. chrétienne, S. D.* (1800), *in-8°*.

Par F.-L. Ponsignon, dont le nom est mentionné dans le titre de départ.

426. — **Appel** au peuple chrétien de la réclamation de M. Royer, évêque de Paris, contre l'admission de la langue française dans l'administration des sacrements. Par un des Pères du concile national. — *Paris, Brajeux*, 1800, *in-8°*.

Attribué à P. Brugière.

XI. — Ecrits divers (1800-1801). Concordat, et rétablissement du culte en 1802.

427. — **Avertissement** au clergé et aux fidèles catholiques de Paris. (15 mars 1800.) — *S. L. N. D. in-8°*, 4 *p.*

428. — BARRUEL (l'abbé Aug.). — **Détail** des raisons péremptoires qui ont déterminé le clergé de Paris et d'autres diocèses à faire la promesse de fidélité. — *Londres*, 8 *juillet* 1800, *in-8°*.

D'après Quérard, *France littéraire.*

429. — BOUILLY (J.-N.). — **Rentrée** du citoyen Sicard à l'Institution nationale des Sourds-Muets; nouvelle

en prose, lue dans la séance publique de la Société philotechnique, du 20 pluviôse an VIII. — *Paris, Dupont, an VIII, in-8°.*

431. — **Un petit mot** sur la détention de Marie-Nicolas Fournier, prédicateur catholique en plusieurs grandes églises de Paris. Prairial an IX-Mai 1801. — *S. L. N. D.* (1801), *in-8°, 15 p.*

L'abbé Fournier avait été incarcéré par ordre de l'autorité civile. (Journal des Débats du 13 prairial an IX). Cette brochure, qui semble avoir été rédigée ou tout au moins inspirée par lui-même, relate et discute les griefs qui étaient articulés contre lui.

432. — « **M.** Nous bénissions, il y a peu de jours, la miséricorde divine... » (9 décembre 1801.) — *Paris, imp. Le Clére, S. D.* (1801), *feuillet in-8°.*

Lettre signé : Dampierre, vic. gén., adressée, au nom des supérieurs ecclésiastiques du diocèse de Paris, au clergé de ce même diocèse.

433. — Barruel (l'abbé). — **Histoire** du clergé pendant la révolution française, par M. l'abbé Barruel, aumônier de Mme la princesse de Conti. Dernière édition. — *Londres, imp. Baylis,* 1801, 2 *vol. in-12,* 254 *et* 254 *p.*

La dernière page du 2e volume est par erreur numérotée 272. — Suivant Quérard, la première édition a paru en 1794, in-8. — Quoique cet ouvrage embrasse la généralité du sujet, il donne de nombreuses particularités relatives au clergé de Paris, et est fort intéressant.

* — **Réponse** à la lettre répandue par un citoyen en l'église Notre-Dame de Paris, le 29 juin, jour de l'ouverture du Concile... (1801).

Voyez le n° 840.

434. — **Liste** générale des noms de tous les évêques du concile national de Paris, des grands vicaires, ou curés et prêtres, des docteurs en théologie... avec l'indication des rues et demeures, du numéro de leur maison dans Paris... — *Paris, veuve Leroux, S. D.* (1801), *in-4°, 4 p.*

Signé : Lecoz, président, etc.

435. — **Concile** national de France. (16 août 1801.) — *Paris, imp. lib. chrétienne, S. D.* (1801), *in-8°.*

Déclaration de clôture.

436. — **Lettre** synodique du concile national de France aux pasteurs et aux fidèles, sur les moyens de rétablir la paix religieuse. — *Paris, imp. libr. chrétienne, S. D.* (1801), *in-8°.*

Signé : Lecoz, président, etc. — 16 août 1801.

437. — **Actes** du second concile national de France, tenu l'an 1801 de J.-C. (an IX de République française), dans l'église métropolitaine de Paris. — *Paris, imp. libr. chrétienne ans IX-X,* 3 *vol. in-8°,* 532, 496 *et* 523 *p.*

438. — Bonaparte (Lucien). — **Corps législatif.** Rapport sur l'organisation des cultes fait, au nom du Tribunat, dans la séance du 18 germinal an X [8 avril 1802]. — *Paris, Imp. nationale, germinal an X, in-8°,* 20 *p.*

439. — **Convention** contre le gouvernement français et le pape Pie VII; avec les discours du citoyen Portalis et les articles organiques des cultes. — *Paris, Imp. nationale, an X, in-8°.*

Le titre de départ, page 1, porte : *Corps législatif... Séance du* 15 *germinal an X* [5 *avril* 1802]. — Il y a une autre édition (*Paris, Imprimerie de la République, germinal an X*) in-8°, 64 pages. Voyez aussi l'article suivant.

440. — **Convention** entre le gouvernement français et Sa Sainteté Pie VII, échangée le 23 fructidor an IX (10 septembre 1801). — *Paris, Imp. de la République, germinal an X, in-8°,* 12 *p.*

Texte latin-français du concordat de 1801.

441. — Portalis. — **Discours** du citoyen Portalis, orateur du gouvernement au Corps législatif. Convention entre le gouvernement français et le pape. Articles organiques de la Convention. Tableau des archevêchés et évêchés, suivant la nouvelle circonscription. — *Paris, Leclère, 1802-an X, in-8°,* 86 *p.*

Tous les discours, rapports et autres écrits de Portalis sur le concordat de 1801 ont été réunis en un volume publié en 1845.

442.— SIBIRE (l'abbé). — **Mémoire** adressé au gouvernement au nom du clergé constitutionnel du diocèse de Paris. — *Paris, imp. Millet, messidor an X* (1802), *in*-8°.

443. — **Nouveau** *Te Deum* en vers saphiques, avec des notes sur le pape, sur le légat, sur le nouvel archevêque de Paris, sur les philosophes, etc. — *Paris*, 1802, *in*-8°.

Par L.-A. Beffroy de Reigny, dit le Cousin Jacques. — Publié au moment du rétablissement du culte catholique et de la nomination de Mgr de Belloy à l'archevêché de Paris.

444. — **Cri** de la Religion à l'illustre, à l'invincible, à l'immortel Bonaparte, le bras du Tout-Puissant, l'ange de la paix, le sauveur de la France, le pacificateur des nations, les délices du genre humain. — *Paris, l'an X, chez les marchands de nouveautés, in*-8°.

445. — **La** plus grande action de Bonaparte... Par un ancien professeur. — *Paris, chez Laurens jeune, an X*-1802, *in*-8°.

Sur le rétablissement des cultes.

446. — **Détail** des cérémonies civiles et religieuses qui seront observées lundi 27 thermidor (an X) [15 août 1802], en l'honneur de la naissance de Napoléon Bonaparte, de sa nomination au Consulat à vie et du rétablissement du culte catholique... — *Paris, imp. Renaudière, S. D.* (1802), *in*-8°.

SECONDE PARTIE

ÉGLISES, CHAPELLES, MONUMENTS RELIGIEUX ET COMMUNAUTÉS.

I. — Les monuments religieux et les paroisses en général. — Pièces diverses par ordre chronologique. Paralipomènes relatifs à la suppression des églises et communautés, et au rétablissement du culte. — Brefs, annuaires et almanachs (1789-1803).

447. — **Dictionnaire** historique, critique, politique et moral des bénéfices, contenant tous les établissements ecclésiastiques tant séculiers, réguliers, qu'hospitaliers, militaires, de la France, où l'on trouvera les titres de tous les bénéfices, les noms des patrons et des collateurs; avec un (*sic, une*) note historique sur chacun d'eux, et sur les personnages célèbres ou intéressants qui y reposent. Par M. H. D. C. [Hennique de Chenilly], avocat en parlement. — *Paris, l'auteur; Couturier père*, 1778, *in*-8°, XVI-556 *p.*

Il n'a paru de cet ouvrage que le premier volume entièrement consacré au diocèse de Paris. Quoiqu'il ait été publié à une époque antérieure à celle que je me suis assignée comme limite, j'ai cru devoir citer cet intéressant dictionnaire, parce qu'il donne l'indication fort exacte et fort détaillée de l'état des établissements religieux jusqu'à l'époque où la Révolution s'est chargée de les *réorganiser*.

448. — MILLIN (A.-L.). — **Antiquités** nationales, ou Recueil de monuments pour servir à l'histoire générale et particulière de l'empire français, tels que tombeaux, inscriptions, statues, vitraux, fresques, etc., tirés des abbayes, monastères, châteaux et autres lieux devenus domaines nationaux. — *Paris, Drouhin*, 1790 - *an VII, 5 vol. in*-4°, 244 *planches.*

Il y a des exemplaires en grand papier (in-folio) et d'autres en papier vélin. Dans ces deux sortes d'exemplaires les planches sont meilleures que dans ceux en papier ordinaire.

— Cet ouvrage est intéressant et très important; il contient la représentation des monuments détruits à l'époque de la Révolution, et que l'on chercherait vainement ailleurs. Chaque monument est l'objet d'un article séparé, avec pagination à part; mais la numérotation des articles se suit d'un bout à l'autre de l'ouvrage. Chacun des volumes contient une table détaillée. Ce recueil n'est pas exclusivement consacré aux monuments religieux de Paris; pour en faciliter l'usage, j'ai cru devoir indiquer, dans l'énumération alphabétique des églises, celles auxquelles Millin a consacré un article dans son travail; mais j'ai restreint ce dépouillement aux églises de Paris seulement.

Les « Antiquités nationales » ont été reproduites en 1802 sous le titre de « Monuments français, tels que tombeaux, inscriptions... » — *Paris, C. Volland, au* XI-1802, 5 *vol. in*-4. Ce n'est que le restant de la première et unique édition, rajeunie au moyen d'un nouveau titre.

449. — **Remarques** historiques et critiques sur les trente-trois paroisses de Paris, d'après la nouvelle circonscription décrétée par l'Assemblée nationale le 4 février 1791; par un citoyen de la section des Lombards. — *Paris, Blanchon,* 1791, *in*-8°, 1 *f. de tit.*, XX-106 *p.*

Par Nic. Fr. Jacquemart. — Le nom de l'auteur ne se trouve pas sur le titre, mais seulement à la fin du *Discours préliminaire*, page XVI. — On trouve, page XVII, la loi du 4 février 1791 relative à la circonscription des paroisses de Paris. — Il existe à la Bibliothèque nationale (Réserve) un exemplaire de cet ouvrage avec des notes ms.

450. — **Remarques** historiques et critiques sur les abbayes, collégiales, paroisses et chapelles supprimées dans la ville et fauxbourgs de Paris, d'après le décret de l'Assemblée constituante du 11 février 1791. — *Paris, au bureau de la Société bibliographique*, 1792, *in*-8°, XVI-296-4 *et* 4 *p.*

Par Nic. Fr. Jacquemart. — On conserve à la Bibliothèque nationale (Réserve) un exemplaire de cet ouvrage avec des notes ms. — Voyez l'article suivant.

451. — **Les ruines** parisiennes depuis la révolution de 1789, et années suivantes; avec des remarques historiques sur chacun des établissements qui ne subsistent plus, et quelques observations sur les monuments anciens qui y avaient rapport. — *Paris, imp. Desveux; se vend au Magasin de librairie..., an VII de la République française, in*-8°, XVI-296-4 *et* 4 *p.*

Même ouvrage que le précédent; c'est le restant de l'édition pour lequel on n'a fait que réimprimer un nouveau titre. — Les deux cahiers, de 4 pages chacun, qui se trouvent à la fin du volume, contiennent les tables des matières. Cette 2e édition contient, après la page 296, une note en 1 feuillet non paginé qui ne se trouve pas dans la précédente.

452. — SAINT-MARTIN (l'abbé de). — **Motion** faite par l'abbé de Saint-Martin,... à l'assemblée des représentants de la commune de Paris, le 26 février 1790, à l'effet d'engager MM. les commandants de bataillon à faire faire les instructions publiques aux compagnies du centre pendant le carême. — *Paris, imp. de veuve Desaint, S. D.* (1790), *in*-8°, 16 *p.*

Comme aumônier général de la garde nationale il croit devoir prendre l'initiative d'une mesure qui assurerait l'instruction religieuse des citoyens. — Pièce très curieuse.

453. — **Etat** de la recette et de la distribution des sommes déposées entre les mains de M. Trumeau, receveur des décimes, pour les paroisses du diocèse de Paris qui ont été ravagées par la grêle du 13 juillet 1788, et pour le soulagement des pauvres de la campagne pendant les rigueurs de l'hiver dernier. (3 juillet 1789.) — *Paris, C. Simon,* 1789, *in*-4°.

454. — **Réclamation** motivée en faveur de la conservation distincte des revenus et des aumônes fondés, appartenant aux pauvres de chacune des paroisses de Paris. Par un administrateur des compagnies de charité de Saint-Germain-l'Auxerrois, membre de la commission de la même paroisse et de celle de Saint-Jacques-le-Majeur. Imprimé au profit des pauvres des paroisses de Saint-Germain-l'Auxerrois et de Saint-Jacques-le-Majeur. — *Paris, Leclère,* 1792, *in*-8°, 120 *p.*

— * DENOUX. — **Requête** à nosseigneurs les députés... (1791).

Voyez le n° 742.

455. — **Décret** sur la circonscription des paroisses de Paris; séance du 4 février 1791. — *Paris,* 1791, *in*-8°, 16 *p.*

Reproduit dans les « Remarques historiques

et critiques sur les 33 paroisses de Paris » (par Jacquemart), page XVII. Voyez ci-dessus le n° 449, et cf. Duvergier, tome II, p. 228.

— * **Municipalité** de Paris. Etat des églises et chapelles, appartenant à la nation... (1791).

Voyez ci-dessus le n° 117; Cf. les nos 86 à 125, et particulièrement les nos 105 et 125.

456. — **Décret** qui ordonne le paiement des sommes dues aux entrepreneurs, constructeurs et ouvriers des églises de Saint-Sulpice, Saint-Philippe-du-Roule, et autres églises de Paris. 8-16 mars 1792.

Collection Duvergier, tome IV, p. 94.

¶ 457. — 10 juin 1792. Dans le numéro qui porte cette date, il est fait mention dans le « Moniteur » (Réimpression, tome XII, p. 610,) d'un arrêté de la municipalité en date du 8 juin, qui réduit à deux cloches le nombre de celles existant dans les Eglises de Paris.

458. — **Fuite** précipitée des curés de Saint-Paul, Saint-Gervais, Saint-Jean-en-Grève, pour l'Auvergne, et de trente-six autres curés... — *Paris, S. D.* (1792 ?), *in-8°*, 8 *p.*

D'après un catalogue.

459. — **Réflexions** sommaires présentées au conseil général de la Commune, le jeudi 11 octobre 1792,... par un des commissaires de sections nommés pour l'audition des comptes de cette commune, sur le mode de la remise et de l'emploi des matières retirées des églises et autres lieux publics, ou saisies chez divers émigrés. — *Paris, imp. C.-F. Patris, S. D.*(1792), *in-8°*, 16 *p.*

460. — **Décret** qui ordonne de briser les cloches existant à Paris, et défend de porter d'autre signe de ralliement que la cocarde nationale. 2 prairial an III (21 mai 1795).

Collect. Duvergier, t. VIII, p. 148. — Pour d'autres articles relatifs aux cloches, voyez ci-dessus les nos 99 à 104, et 231, etc.

461. — **Décret** contenant désignation d'édifices en la ville de Paris pour l'exercice des cultes. 30 prairial an III (18 juin 1795).

Collect. Duvergier, t. VIII, p. 181.

462. — Lecouteux-Canteleu. — Rapport fait au Conseil des Anciens. Séance du 16 ventôse an IV [6 mars 1796]. — *Paris, Imp. nat., an IV, in-8°.*

Relatif à la situation des maisons ci-devant religieuses comprises dans l'enceinte de Paris.

¶ — Pour la liste des églises dans lesquelles fut pratiquée la Théophilanthropie de 1797 à 1801, voy. le n° 376.

¶ — L'administration centrale du département de la Seine arrêta, en octobre 1798 (Voyez le « Moniteur » du 6 brumaire an VII), le tableau des « édifices remis à l'usage des citoyens du canton de Paris », en exécution de la loi du 11 prairial an III (30 mai 1795) relative à l'exercice des cultes. On se servit pour cet usage d'une partie des principales églises de Paris, mais leurs noms furent changés. Voici une liste qui sera utile pour reconnaître sous les noms révolutionnaires les édifices religieux auxquels on enleva, pour un temps, leur vocable primitif.

Ier arrondissement. — Saint-Philippe du Roule, consacré à la Concorde, à cause du voisinage des promenades des Tuileries et des Champs-Elysées, où l'on donnait des fêtes civiques, ces réunions supposant nécessairement la concorde entre les citoyens.

IIe arrondissement. — Saint-Roch, consacré au Génie, parce que cette église contenait les tombeaux de plusieurs personnages de talent, tels que Corneille, Mme Deshoulières, etc.

IIIe arrondissement. — Saint-Eustache consacré à l'Agriculture, à cause du voisinage des Halles et en particulier de la Halle au blé.

IVe arrondissement. — Saint-Germain-l'Auxerrois, consacré la Reconnaissance, c'est-à-dire à la reconnaissance aux arts et aux artistes : cette église était, en effet, voisine du « Palais National »; elle contenait le tombeau de Malherbe.

Ve arrondissement. — Saint-Laurent, consacré à la Vieillesse : en face de cette paroisse était situé l'Hospice des vieillards (ancien couvent des Récollets, faubourg Saint-Martin.)

VIe arrondissement. — Saint-Nicolas-des-Champs, consacré à l'Hymen, parce que le 6e arrondissement était le plus peuplé.

VIIe arrondissement. — Saint-Merry, consacré au Commerce : cet édifice se trouvait en effet situé dans un quartier marchand, et voisin du Tribunal de Commerce. (L'hôtel des Juges et Consuls se trouvait derrière le chevet de Saint-Merry.)

VIIIe arrondissement. — Sainte-Marguerite, consacrée à la Liberté et a l'Egalité : désignation adoptée parce que le faubourg Saint-Antoine avait le plus contribué, par la prise de la Bastille et les fréquentes insurrections de ses habitants, à « renverser le despotisme ».

IXe arrondissement. — Eglise métropolitaine de Notre-Dame, consacrée à l'Etre-Supreme, pour « prouver que le gouvernement n'était plus irréligieux ni athée ». — L'Eglise Saint-Gervais, située dans le même arrondissement, fut consacrée à la Jeunesse; le motif de cette appellation m'échappe en ce moment; à moins cependant que l'on ait voulu rappeler le voisinage de l'ancien hôpital du Saint-Esprit, dans lequel étaient recueillis, avant la Révolution, les pauvres enfants abandonnés: cette intention est peu croyable. L'hôpital, fondé en 1326 et supprimé en 1792, fut précisément démoli en 1798.

Xe arrondissement. — Saint-Thomas-d'Aquin, consacré à la Paix (sans motif précis ?).

XIe arrondissement. — Saint-Sulpice, consacré à la Victoire, peut-être en l'honneur du général Bonaparte (?).

XIIe arrondissement. — Saint-Jacques-du-Haut-Pas, consacré à la Bienfaisance à cause du voisinage de plusieurs hospices. — Saint-Médard, consacré au Travail parce que le faubourg Saint-Marceau était peuplé de travailleurs. — Saint-Étienne-du-Mont, consacré à la Piété filiale : Le Panthéon, dont cette église était voisine, était dédié aux grands hommes ; ne fallait-il pas montrer que la République honorait aussi les vertus domestiques ?

On remarquera que les nouvelles dénominations adoptées pour les églises étaient uniquement composées d'abstractions philosophiques, de termes tirés uniquement de la morale civique, car il ne fallait pas que le gouvernement s'exposât à un reproche de paganisme ; il était déjà tombé dans ce travers en adoptant l'appellation de « Panthéon » pour l'église de Sainte-Geneviève; il y tomba de nouveau en adoptant celle de « temple de Mars » pour l'église des Invalides, mais c'est la seule exception à cette règle qu'il semble s'être tracée. En 1802, on projeta d'élever un « temple de la Concorde » sur les constructions commencées de l'église de la Madeleine : ce projet ne fut pas exécuté.

Les églises ne furent pas les seuls monuments que la Révolution débaptisa, mais je ne parlerai ici que des hôpitaux ; ceux-ci, devant leur origine à des fondations pieuses, se rattachent à mon sujet.

Le changement de nom des établissements hospitaliers fut décrété bien antérieurement au changement de nom des églises. En même temps que Notre-Dame devenait le temple de la Raison, (1794) l'Hôtel-Dieu devenait le « Grand-Hospice d'Humanité » et les annuaires du temps indiquent qu'il était situé au « Parvis de la Raison » ; l'hôpital de la Charité devint celui de l'Unité, mais on respecta le nom de l'hôpital de la Trinité, « rue Denis ». L'ancien hôpital de la paroisse Saint-Jacques prit le nom d'hôpital du Sud, et celui de la paroisse Saint-Sulpice s'appela hôpital de l'Ouest. On enleva à l'hôpital Beaujon le nom de son fondateur : il fut qualifié « hôpital du Roule ». J'ai dit ci-dessus que l'ancien couvent des Récollets fut converti en hospice des vieillards, et j'ajouterai seulement que l'hôpital de l'Est fut installé dans la « ci-devant » abbaye du faubourg Saint-Antoine.

463. — **Département de la Seine.** Rapport fait au conseil général le 15 thermidor an VII [3 août 1800], sur l'instruction publique, — le rétablissement des bourses, — le scandale des inhumations actuelles, — l'érection des cimetières, — la restitution des tombeaux, mausolées, etc. — *Paris, R. Jacquin; Desenne, S. D.* (1800), *in-8°, 40 p.*

Sans nom d'auteur ; attribué par Quérard et par Barbier à Quatremère de Quincy ; attribution non douteuse. Parmi les passages les plus curieux que contient ce rapport, il ne convient de signaler ici que celui (pag. 32) qui est relatif à la « Restitution des objets dont le fanatisme révolutionnaire a dépouillé les églises ».

Quel contraste d'opinions entre ce rapport et ceux que le même fonctionnaire présentait en 1792 au directoire du département ! (Cf. les nos 606 à 609.)

464. — Deseine (Louis-Pierre). — **Opinion** sur les musées où se trouvent retenus tous les objets d'art qui sont la propriété des temples consacrés à la religion catholique. — *Paris, Baudouin, floréal an XI, in-8°, 65 p.*

Contre le musée des Petits-Augustins, et Alex. Lenoir son organisateur.

465. — Deseine. — **Lettre** sur la sculpture destinée à orner les temples catholiques, adressée au premier consul. — *Paris*, 1802, *in-8°*.

466. — Deseine. — **Notices** historiques sur les anciennes Académies royales de peinture, sculpture de Paris, et celle d'architecture ; suivies de deux écrits qui ont déjà été publiés et qui ont pour objet la restitution des monuments consacrés à la religion catholique. — *Paris, Lenormant*, 1814, *in-8°*.

Les deux ouvrages précédents se retrouvent dans celui-ci.

La comparaison de ces trois écrits, sous leurs différentes formes, est curieuse et instructive. En 1791, Deseine écrivit deux brochures relatives aux Académies, brochures dans lesquelles il manifeste les sentiments les plus libéraux ; dans sa « Lettre » de 1802, il ne trouve pas assez d'éloges pour le général dont la sagesse « a rendu à la nation le libre exercice de sa religion » ! Dans la réimpression de 1814, il ne parle plus que de la « haine que Bonaparte portait à la religion ».

467. — **A M. l'Archevêque** de Paris. Projet de division territoriale de Paris en paroisses et en succursales. (Par les administrateurs temporels de l'église Saint-Gervais.) — *Paris, imp. Millet, S. D.* (1802 ?), *in-4°*, 12 *p.*

Document intéressant. Les auteurs de ce projet invoquent l'art. 61 de la loi du 18 germinal an X, relative à l'organisation des cultes.

468. — **Règlement** pour l'institution des fabriques et le casuel des paroisses et succursales de Paris et de ses fauxbourgs. — *Paris, Le Clère, an XI*-1803, *in-4°, 9 p. et 1 tableau.*

469. — **Lettre** pastorale de S. E. M. le cardinal archevêque de Paris concernant la circonscription des cures et succursales de la ville de Paris, et le règlement qui fixe les droits respectifs des cures et des desservants. (30 mai 1803.) — *Paris, Le Clère, an XI*-1803, *in*-8°, 37 *p*.

Je ne devais pas, afin de rester dans le cadre de mon travail, citer de Lettres pastorales de Mgr de Belloy; j'ai fait exception en faveur de celle-ci, qui présente un intérêt tout particulier en ce sens qu'elle fixe l'époque de la réorganisation du diocèse.

---

470. — **Bref.** —

Je n'ai pas ici à faire l'histoire bibliographique de ce genre de publication; M. l'abbé Valentin Dufour en a donné quelques aperçus dans sa ***Bibliographie historique de la ville de Paris***, et j'y renverrai le lecteur; je me contenterai de parler des *Brefs* se rapportant à la période qui fait l'objet de mon travail.

On trouvera ci-dessous une énumération des Brefs publiés à Paris par l'autorité diocésaine depuis 1789; je ferai remarquer que je n'en ai pas indiqué pour l'année 1793, car je n'en connais pas l'existence et je n'ai voulu parler que de ceux que j'ai *vus*, soit à la Bibliothèque nationale, soit dans la belle collection du séminaire de Saint-Sulpice qui en renferme de curieux (année 1794-1803, sous différents titres). J'ai décrit tous ceux que j'y ai vus; cela était peut-être peu nécessaire, car tous ces livrets se ressemblent et aucun ne contient de renseignements historiques. J'aurai moins de regrets d'avoir fait des recherches qui ne m'ont amené à y trouver que des indications purement liturgiques et sans grand intérêt, si j'ai pu ainsi éviter une déception à ceux qui, n'étant pas prévenus, espéreront y trouver autre chose que ce qui y est.

Ce n'est qu'à partir de 1840 que le *Bref* de Paris contient l'état du diocèse, et les noms des membres du clergé, mais il convient de rappeler que l'*Almanach royal*, puis *national*, puis *impérial*, etc., contient sur ce sujet de précieuses indications. La liste des paroisses de Paris avec leur curé figure encore, en effet, dans l'*Almanach* de 1793; elle disparaît en 1794, mais on l'y retrouve en 1803, époque de la réorganisation du culte.

471. — **Breve** parisiense pro anno Domini 1789, Paschâ occurente 12 aprilis. — *Parisiis, apud viduam Hérissant, S. D., in*-12, 84 *p*.

Ne contient que des indications liturgiques.

472. — **Breve** parisiense pro anno Domini 1790, Paschâ occurente 4 aprilis. — *Parisiis, apud viduam Hérissant, S. D., in*-12, 84 *p*.

Ne contient que des indications liturgiques.

473. — **Breve** parisiense pro anno Domini 1791, Paschâ occurente 24 aprilis. — *Parisiis, apud viduam Hérissant, S. D., in*-12, 84 *p*.

Ne contient que des indications liturgiques.

474. — **Bref** imprimé par ordre de M. Antoine-Eléonor-Léon Le Clerc de Juigné, archevêque de Paris, pour l'usage du clergé catholique de son diocèse, pendant l'année bissextile 1792. — *Paris, chez Crapart, imp.-libr. de M. l'Archevêque, S. D., in*-12, 74 *p*.

Il est à remarquer que ce Bref est entièrement rédigé en français; il est cependant absolument orthodoxe. On ne trouve dans le volume qu'une seule phrase en latin; c'est celle qui lui sert d'épigraphe : « Ut unanimes uno ore honorificetis Deum et Patrem Domini nostri Jesu Christi. » *Ad Rom.*, 15. Il est facile de voir dans ces mots une allusion directe à la situation nouvelle créée par la Constitution.

475. — **Directoire** parisien pour l'usage des livres de prières. — *S. L. N. D.* (*Paris*, 1794), *in*-12, 72 *p*.

C'est le Bref du diocèse pour chaque jour de l'année, du 1er janvier au 31 décembre 1794. Il est précédé d'un *Calendrier républicain* pour l'an II, en 6 ff. non paginés. — Ce volume ne contient que des indications liturgiques.

476. — **Directoire** parisien pour l'usage des livres de prières pendant l'année de l'ère vulgaire 1795. — *S. L. N. D.* (*Paris*, 1795), *in*-12, 55 *p*.

Bref du diocèse. Ne contient que des indications liturgiques.

477. — **Calendrier** de l'Eglise catholique romaine de Paris, pour l'année bissextile 1796. — *S. L. N. D.* (*Paris*, 1796), *in*-12, 69 *p*.

Bref du diocèse. Ne contient que des indications liturgiques.

478. — **Calendrier** du diocèse de Paris pour l'année 1797. — *S. L.* (*Paris*), *imp. Crapart, S. D.* (1797), *in*-12.

Bref du diocèse. Sans pagination. Ne contient que des indications liturgiques.

479. — **Bref** de Paris pour l'année 1798. Pâques arrivant le 8 avril. — *Paris, Le Clère*, 1798, *in*-12, 92 *p*.

Ne contient que des indications liturgiques.

480. — **Calendrier** perpétuel à l'usage des catholiques romains. Se-

conde édition, augmentée d'un Entretien avec Dieu, et d'une Explication mise par sa briéveté et sa simplicité à la portée des catholiques de la campagne. — *A Paris*, 1799 (*an VII*), *in*-12, 81 *p*.

481. — **Annuaire** liturgique parisien, à l'usage du culte catholique. An VII. — (*Paris, Le Clère*), *in*-12.

Non paginé. Ce bref ne contient que des indications liturgiques (du 1er janvier au 31 décembre 1799).

482. — **Etrennes** religieuses, pour l'an de grâce mil sept, etc. (*sic*), destinées à servir de *Manuel* aux fidèles, durant tout le temps de la persécution. — *S. L.* 1799, *in*-12, 2 *f. et* 180 *p*.

483. — **L'Almanach** du chrétien pour l'an de grâce 1799; République française, an VII. — *S. L.* 1799, *in*-18, 108 *p*.

Volume curieux contenant un catéchisme catholique, précédé d'un *Calendrier républicain* portant des noms de plantes, légumes, etc., en regard des noms des saints.

484. — **Calendrier** liturgique pour l'usage du bréviaire et du missel de Paris, pendant l'année ecclésiastique 1800. — *Paris, Le Clère, S. D.*, *in*-12.

Bref du diocèse. Non paginé. Ne contient que des indications liturgiques.

485. —**Calendrier** liturgique pour l'usage du bréviaire et du missel de Paris, pendant l'année ecclésiastique 1801. — *Paris, Le Clère, S. D.*, *in*-12.

Bref du diocèse. Non paginé. Ne contient que des indications liturgiques.

486. — **Almanach** des catholiques pour l'année 1801, contenant : 1° l'état actuel de la religion... ; 2° l'état de la religion et du clergé en France avant et depuis la révolution ; 3° une notice... sur... Pie VI et Pie VII; 4° des anecdotes sur les anciens évêques de France, etc. — *Paris, Mestayer*, 1801, *gr. in*-12, 260 *p*.

Contient, entre autres anecdotes, quelques notes sur M. de Juigné (pag. 55).

487. — **Bref** ou Calendrier liturgique pour l'usage du bréviaire et du missel de Paris, pendant l'année ecclésiastique 1802, Pâques arrivant le 18 avril. — *Paris, Le Clère, S. D.*, *in*-12.

Non paginé. Ne contient que des indications liturgiques.

488. — **Almanach** ecclésiastique de France; pour l'an XI de la République, et pour les années 1802 et 1803 de l'ère chrétienne... — *Paris, Le Clère, an XI*-1802, *in*-12, 14-228 *p.*, 1 *carte et* 1 *tableau*.

Cet almanach a paru jusqu'en 1813 au moins. Cette première année contient une carte de France divisée en diocèses, et un tableau synoptique des archevêchés et des évêchés, avec l'indication de leurs patrons. Les 14 premières pages, numérotées à part, contiennent un calendrier républicain, avec concordance.

489. — **Calendrier** liturgique à l'usage du diocèse de Paris et de la partie du diocèse de Versailles qui se sert du bréviaire et du missel parisiens, pendant l'année ecclésiastique 1803, Pâques arrivant le 10 avril. — *Paris, Le Clère, S. D. in*-12.

Ce calendrier est le *Bref* même du diocèse pour 1803. Il n'est pas paginé. Il faut, à la fin, un feuillet de *supplément*. Ce volume ne contient que des indications liturgiques.

490. — **Rituel** parisien contenant la manière d'administrer le sacrement de baptême,... les bénédictions et prônes des dimanches, d'après les rituels de M. de Beaumont et de M. de Juigné. — *Paris, Savoye, an XI* (1803), *in*-8°.

II. — Églises, chapelles, monuments religieux et communautés, par ordre alphabétique.

SAINT-ANDRÉ-DES-ARTS.

491. — **Le nouveau** Luther confondu ou lettre à M. Desbois de Rochefort, curé de Saint-André-des-Arts de Paris, et évêque intrus d'Amiens, par un curé du diocèse d'Amiens. — *Paris, Guerbart, Dufrêne, Pichard,* 1791, *in*-8°, 22 *p.*

492. — **Discours** de MM. les curés de Saint-André-des-Arts et de Saint-Séverin, lors de la présentation, à cette dernière église, du corps de M. l'abbé Lottin, prêtre, le 15 décembre 1791. — *Paris, imp. C. Simon,* 1791, *in*-8°, 8 *p.*

493. — **Seconde** lettre à M. Desbois, curé de Saint-André-des-Arts de Paris, évêque constitutionnel du département de la Somme, par un curé catholique du diocèse d'Amiens. — *Paris, Dufresne,* 1791, *in*-8°, 32 *p.*

On trouve p. 28 : « Du 18 juillet; encore un petit mot à M. Desbois ».

494. — Desbois de Rochefort. — **Lettre** pastorale de M. l'évêque du département de la Somme au clergé et aux fidèles de son diocèse. (8 mai 1791.) — *Amiens, J. B. Caron l'aîné,* 1791, *in*-4°, 28 *p.*

495. — **Examen** de la lettre pastorale de M. Desbois de Rochefort, ci-devant curé de Saint-André-des-Arts, et évêque constitutionnel du département de la Somme, par un paroissien de Saint-André-des-Arts. — *Paris, Crapart,* 1791, *in*-8°, 32 *p.*

ARCHEVÊCHÉ.

496. — **Précis** historique de ce qui s'est passé en la salle de l'archevêché de Paris, le 23 avril 1789. — *S. L.,* 1789, *in*-8°, 13 *p.*

Assemblée des électeurs pour les états généraux.

496 *bis.* — **Décret** de la Convention nationale, du 25e jour de brumaire an second de la République française une et indivisible [15 novembre 1793], qui autorise à employer provisoirement les bâtiments du ci-devant évêché au service du Grand Hospice d'Humanité de la commune de Paris. — *Paris, Imp. nationale exécutive du Louvre, an II, feuillet in*-4°.

ASSOMPTION.

497. — **Adresse** à l'Assemblée nationale de la part des religieuses du monastère de l'Assomption. — *Paris, imp. Prault, S. D.* (1790), *in*-4°, 7 *p.*

Elles demandent la conservation de leur ordre.

AUBERVILLIERS.

498. — Monard (l'abbé) *curé d'Aubervilliers.* — **Discours** patriotique pour la prestation du serment civique, prononcé le 16 janvier 1791... dont l'impression a été ordonnée par la commune dudit Aubervilliers. — *Paris, imp. Gelé,* 1791, *in*-8°, 15 *p.*

Ce personnage est l'auteur d'un *Discours sur la bénédiction des drapeaux* et d'un *Plan des instituteurs publics de l'Oratoire, présenté à l'Assemblée nationale.*

499. — **Avis** important d'un honnête paroissien à ses concitoyens, et à tous les fidèles ses frères, à l'occasion d'un discours patriotique prononcé par son curé, le jour de son serment, dans l'église de Notre-Dame-des-Vertus, près de Paris. — *Paris, Crapart, S. D.* (1791), *in*-8°, 27 *p.*

Protestation contre le discours de M. Monard.

AUGUSTINS.

(Voir aussi NOTRE-DAME-DES-VICTOIRES.)

500. — Millin (A.-L.) — **Couvent** des Grands-Augustins. — (1791), *in*-4°, 80 *p.*, 12 *pl.*

Antiq. nat., tome III.

501. — **Pétition** à l'Assemblée na-

tionale, par les religieux Augustins près le Pont-Neuf, à Paris. — *S. L.* (1790), *in*-8°, 12 *p*.

502. — **Observations** sur l'arrêté de la commune de Paris, qui supprime les deux maisons des Augustins, 1790. — *S. L. N. D.* (1790), *in*-8°, 4 *p*.

Il s'agit des Grands et des Petits-Augustins. Les Petits-Pères suivaient, il est vrai, la règle des Augustins, mais n'appartenaient pas à cet ordre.

— ¶ — Il convient de rappeler ici que c'est au couvent des Petits-Augustins, sur l'emplacement actuel de l'école des Beaux-Arts, que Lenoir organisa le Musée des monuments français. La bibliographie des livrets de ce musée est très intéressante et leur comparaison est très instructive. Elle ne pouvait, malheureusement, faire ici que l'objet d'un *rappel*, cette étude devant rentrer dans une autre *série* que celle de l'histoire religieuse. — Cf. le n° 464.

AUTEUIL.

503. — **Discours** du président du comité militaire à la garde nationale d'Auteuil, le jour du transport du plan de la Bastille à l'église de la paroisse. — *S. L. N. D.* (1789), *in*-4°.

Cité par Cocheris dans son édition de Lebeuf, tome IV, p. 231.

504. — **Inventaire** général des effets existant dans l'église d'Auteuil à l'époque du 15 octobre 1787; ensemble les titres, papiers et renseignements concernant les biens et revenus appartenant à la fabrique de la dite église d'Auteuil, dont l'administration est confiée par les nouvelles lois à la commune, 1793. — *Manuscrit in-folio de* 79 *feuillets*.

Ce ms. se trouve à la Bibliothèque Carnavalet, n° 1992.

BARNABITES.

505. — **Procès-verbal** de l'assemblée partielle du tiers-état de la ville de Paris, séante dans l'église des Barnabites, quartier de la Cité, tenue le 21 avril 1789. — *S. L. N. D.* (1789), *in*-8°, 30 *p*.

506. — DELACROIX DE FRAINVILLE. — **Discours** prononcé à la bénédiction du drapeau du district des Barnabites, par M. Delacroix de Frainville, avocat du parlement, président de ce district. — *S. L. N. D.* (1789), *feuillet in*-4°.

BÉNÉDICTINES.

507. — **Adresse** à l'Assemblée nationale de la part des religieuses Bénédictines de l'Adoration perpétuelle du Très-Saint-Sacrement de l'autel, du second monastère de Paris, établi rue Saint-Louis, au Marais. — *S. L. N. D.* (1790), *in*-4°, 3 *p*.

Elles demandent la conservation de leur ordre.

SAINT-BENOÎT.

508. — MILLIN (A.-L.) — **Eglise** Saint-Benoît. — (1791), *in*-4°, 60 *p*., 4 *pl*.

Antiq. nat., tome III.

BERNARDINS.

509. — **Extrait** du procès-verbal de l'assemblée partielle des citoyens nobles, convoquée aux Bernardins... contenant leurs protestations pour la commune, leur déclaration aux citoyens du tiers, leur cahier et la nomination de leurs électeurs. — *S. L. N. D.* (*Paris*, 1789), *in*-8°, 14 *p. et* 1 *f*.

510. — BOULLÉ (J.-P.) *député du Morbihan au conseil des Cinq-Cents*. — **Rapport** fait, au nom d'une commission spéciale, sur un message du Directoire exécutif du 9 fructidor an V, tendant à faire distraire de la vente des domaines nationaux, comme nécessaire au service public, la partie de la maison des ci-devant Bernardins de Paris, actuellement occupée par la boucherie des maisons d'arrêt et hospices civils de la même commune. Séance du 1er nivôse an VI [21 janvier 1798]. — *Paris, imp. nat., nivôse an VI*, *in*-8°.

511. — **Loi** qui affecte une partie de la maison des ci-devant Bernardins de Paris, au service de la boucherie des maisons d'arrêt et hospices civils de cette commune, 19 pluviôse an VI (7 février 1798).

Collect. Duvergier, tome X, p. 228.

BILLETTES.

512. — **A nos frères** catholiques réunis aux Billettes. — *S. L. N. D.* [*vers* 1795], *in*-4°, 4 *p*.

Pour les frais d'organisation du culte. — Signé : Piton, président de l'administration ; Mille, secrétaire. — Culte constitutionnel.

BLANCS-MANTEAUX.

513. — **Cahier** d'instructions données par l'assemblée partielle du tiers-état de la ville de Paris, tenue en l'église des Blancs-Manteaux, le mardi 21 avril 1789, et le lendemain mercredi. — *S. L. N. D.*, *in*-8°, 36 *p*.

514. — GODARD. — **Discours** prononcé dans l'église des Blancs-Manteaux, le samedi 12 septembre 1789, à l'occasion de la bénédiction des drapeaux du district des Blancs-Manteaux, par M. Godard, avocat au parlement... — *Paris, Méquignon le jeune*, *S. D.* (1789), *in*-8°, 1 *f. de tit. et* 23 *p*.

515. — MILLIN (A.-L.) — **Blancs-Manteaux.** — (1792), *in*-4°, 20 *p.*, 5 *pl.*

Antiq. nat., tome IV.

BONSHOMMES.
(Voyez CHAILLOT.)

CALVAIRE.
(Voyez FILLES DU CALVAIRE.)

CAPUCINS.
(Voir aussi SAINT-FRANÇOIS D'ASSISE.)

516. — **Arrêté** du chapitre des Capucins, tenu extraordinairement en juin 1788. — *S. L. N. D.* (1788), *in*-8°, 14 *p*.

Facétie contre le clergé.

517. — LEBOIS. — **Le Capucin** qui a peur d'être réformé, à messieurs les citoyens. — *Paris, imp. Ballard*, *S. D.* (1789), *in*-8°, 6 *p*.

A l'occasion des états généraux.

518. — **Réflexions** sommaires sur les religieux en général, et doléances que les Capucins en particulier présentent aux états généraux. — *S. L. N. D.* (1789), *in*-8°, 32 *p*.

519. — **Requête** des frères lais Capucins, à nosseigneurs de l'Assemblée nationale. — *Paris, imp. nat.*, *S. D.* (1790), *in*-8°, 4 *p*.

520. — TRASSART (l'abbé). — **Discours** prononcé le mardi 15 septembre 1789 dans l'église et en présence du district des RR. PP. Capucins de Saint-Louis de la Chaussée d'Antin, au moment où l'on allait bénir le drapeau du district, par M. l'abbé Trassart... — *Paris, Simon*, 1789, *in*-8°, 16 *p*.

521. — ZÉNON (Le P.) — **Discours** prononcé le 24 septembre pour la bénédiction des drapeaux du district des Capucins, de la rue Saint-Honoré, par le P. Zénon, prov. de cet ordre. — *Paris, imp. Demonville*, (1789), *in*-4°.

522. — MARCHAND. — **District** des Capucins Saint-Honoré. Discours prononcé par M. Marchand, président, à l'assemblée générale extraordinaire de tous les citoyens domiciliés dans le district, tenue en l'église des RR. PP. Capucins, rue Saint-Honoré, le jeudi 26 novembre 1789... pour déposer sur le bureau le don qu'ils veulent faire à l'Etat de leurs boucles d'argent et de tel autre effet d'or ou d'argent. — *S. L. N. D.* (1789), *in*-8°, 8 *p*.

523. — **Procès-verbal** du district des Feuillants sur l'assemblée aristocratique découverte hier au soir aux Capucins de la rue Saint-Honoré. — *Paris, de l'imp. de Jean Bart*, *S. D.* (1790), *in*-8°, 8 *p*.

Assemblée tumultueuse dans le chœur de l'église, 12 avril. — Je connais une autre brochure relatant le même fait ; elle a pour titre : « Assemblée des aristocrates aux Capucins ». (Imprimerie Caillot, in-8°, 6 p.)

— * **Messe** de minuit célébrée par le sieur Maury... (1790).

Pamphlet. — Voyez le n° 67.

524. — DESÈZE. — **Discours** prononcé dans l'église des Capucins du Marais, à l'occasion de la bénédiction des drapeaux de ce district, le... 17 septembre 1789, par M. Desèze, avocat...

— *Paris, Clousier*, *S. D.* (1789), *in*-8°, 13 *p.*

Voyez aussi le n° 599.

CARMÉLITES.

525. — **Décrets** portant que les maisons et enclos des Carmélites à Paris, seront vendus au citoyen Barthélemy. 3 frimaire an IV (25 octobre 1795).

Collect. Duvergier, tome VIII, p. 535.

CARMES.

526. — **Requête** pour les frères lais, Carmes déchaussés de Paris, etc., à nosseigneurs de l'Assemblée nationale. — *Paris, Imp. nat.*, *S. D.* (1790), *in*-8°, 4 *p.*

527. — HOUSEZ. — **Discours** diablement patriotique, prononcé en l'église des Carmes de la place Maubert... transcrit et imprimé aux dépens d'une société de patriotes. — *S. L. N. D.* (*vers le commencement de* 1790), *in*-8°.

528. — MILLIN (A.-L.) — **Les Carmes** de la place Maubert. — (1792), *in*-4°, 48 *p.*, 7 *pl.*

Antiq. nat., tome IV.

529. — GARAT (Dominique-Joseph). — **Discours** à la Convention nationale... (au sujet des massacres de septembre 1792.) — *Paris, Imp. nat.*, 1792, *in*-8°, 18 *p.*

Voyez le n° suivant et la note du n° 683.

530. — PELTIER (J.-G.) — **Tableau** du massacre des ministres catholiques et des martyres (*sic*) de l'honneur, exécutés dans le couvent des Carmes et à l'abbaye Saint-Germain, etc., les 2, 3, 4 septembre 1792, à Paris, par les infâmes suppôts de l'anarchie. Suivi d'une liste par ordre alphabétique des régicides qui ont voté à la Convention nationale, le 16 janvier 1793, pour le jugement de Louis XVI, roi de France. — *Paris; Lyon, Reymann, Matheron, libraires*, 1797, *pet. in*-18, 95 *et* 44 *p.*

Il y a peut-être des exemplaires avec un titre un peu différent. — Voyez la note du n° 683.

CÉLESTINS.

531. — **Véritable** idée de la gestion des biens des Célestins de Paris et de Marcoussis. — *Paris, imp. C. Simon*, 1790, *in*-4°, 43 *p. et* 8 *tableaux.*

Signé (page 8) : Gambart.

532. — MILLIN (A.-L.). — **Les Célestins.** — (1790), *in*-4°, 172 *p.*, 26 *pl.*

Antiq. nat., tome I.

CHAILLOT.

533. — MILLIN (A.-L.) — **Le couvent** des Bons-Hommes de Chaillot. — (1791), *in*-4°, 35 *p.*, 4 *pl.*

Antiq. nat., tome II.

534 — BENIÈRE (l'abbé J.-M.), *curé de Chaillot en* 1791. — **Serment** civique prononcé par un curé de Paris, le dimanche 9 janvier 1791. — Réponse de M. Pitra, officier municipal, l'un des commissaires de la municipalité députés pour recevoir ledit serment. — *Paris, Vve Hérissant*, *S. D.* (1791), *in*-8°, 8 *p.*

535. — **Grand détail** de tout ce qui s'est passé à l'Hôtel de Ville hier au soir et la nuit dernière pour obliger M. de La Fayette à garder sa place... Motion du curé de Chaillot, approuvée par le conseil de la commune... — (23-26 avril 1791.) — *Paris, imp. Tremblay*, *S. D.* (1791), *in*-8°, 8 *p.*

SAINTE-CHAPELLE.

(Voyez SAINTE-CHAPELLE.)

CHARENTON.

536. — REGNAULT. — **Extrait** du rapport fait au nom des commissaires nommés pour visiter la maison des religieux de la charité de Charenton, en la séance du conseil municipal du 28 décembre 1790. — *Paris, imp. Champigny*, *S. D.* (1791), *in*-4°, 12 *p.*

SŒURS DE LA CHARITÉ.

537. — **Plainte** de la mère Saint-Clément, religieuse de l'Hôtel-Dieu, et plainte de toute sa communauté contre le sieur Boulets, chirurgien dudit

Hôtel-Dieu. Extrait du registre du comité civil et de police du district de Notre-Dame, du dimanche 28 mars 1790. — *Paris, imp. de Vve Hérissant, S. D.* (1790), *in*-8°, 7 *p.*

Cf. La « Chronique de Paris », n° 86, p. 341.

538. — **Adresse** à MM. de l'Assemblée nationale, présentée par les religieuses hospitalières de l'Hôtel-Dieu de Paris. — *Paris, imp. Le Becq, S. D.* (1790), *in*-4°, 7 *p.*

Signé : Sœur de Saint-Eloy, prieure. — Contre la suppression des vœux.

537. — **Adresse** à MM. de l'Assemblée nationale par les religieuses hospitalières de l'Hôtel-Dieu de Paris. — *Paris, imp. Langlois fils*, 1791, *in*-4°, 23 *p.*

Signé : Sœur de Saint-Eloy, prieure. Les religieuses demandent la conservation de leur ordre.

540. — **Aux filles** de la Charité la patrie reconnaissante. — *Paris, imp. Crapart, S. D.* (1791), *in*-8°, 16 *p.*

Signé : M. L. D.' V. — Il s'agit des sœurs qui soignaient les malades à l'Hôtel-Dieu, aux Invalides, etc.

541. — Bézard (F.-S.) *député de l'Oise à la Convention.* — **Rapport** et projet de décret, concernant les filles ci-devant congrégationnaires et hospitalières, connues sous le nom de sœurs de la Charité... — *Paris, Imp. nat., S. D.* (1791), *in*-8°, 11 *p.*

CHARTREUX.

542. — **Adresse** des Chartreux de la ville de Paris à l'Assemblée nationale. — *S. L., mars* 1790, *in*-8°, 8 *p.*

543. — **Adresse** des Chartreux de Paris à l'Assemblée nationale. — Nouvelle adresse des Chartreux de Paris à l'Assemblée nationale, à l'occasion de la motion de M. Bailly. — *S. L. N. D.* (1790), *in*-8°, 7 *et* 15 *p.*

544. — **Grand détail** du combat des Chartreux patriotes avec les Chartreux aristocrates... — *Paris, imp. Dumont*, 1790, *in*-8°, 8 *p.*

— * **Le partage** du diable ou la monacaille aux enfers... (1790).

Voyez le n° 77.

545. — Philippes-Delleville (J.-L.) — **Corps** législatif. Conseil des Cinq-Cents. Rapport fait au nom d'une commission spéciale... sur la disposition de l'enclos des ci-devant Chartreux. Séance du 12 frimaire an VI [2 décembre 1797]. — *Paris, Imp. nat., frimaire an VI, in*-8°, 15 *p.*

Projet de percement de rues et d'aliénation des terrains.

546. — Marragon (J.-B.) — **Conseil** des Anciens. Rapport fait au nom d'une commission composée des représentants Mollevaut, Lemoine et Marragon, sur une résolution relative à l'enclos des ci-devant Chartreux de Paris. Séance du 27 germinal an VI [16 avril 1798]. — *Paris, Imp. nat., an VI, in*-8°.

547. — **Loi** qui fixe la distribution et l'emploi de l'enclos des ci-devant Chartreux de Paris, 27 germinal an VI [16 avril 1798].

Collect. Duvergier, tome X, p. 304.

548. — Millin (A.-L.) — **Les Chartreux** de Paris. — (1799), *in*-4°, 68 *p.*, 12 *pl.*

Antiq. nat., tome V.

SAINT-CÔME.

549. — Millin (A.-L.) — **Eglise** Saint-Côme. — (1791), *in*-4°, 30 *p.*, 2 *pl.*

Antiq. nat., tome III.

CORDELIERS.

550. — **Lettre** d'un Cordelier, ancien dragon, aux 60 districts de la capitale, sur la formation d'une commune. — *Paris, Maradan*, 1789, *in*-8°, 18 *p.*

551. — **Adresse** des religieux Cordeliers du grand couvent de Paris à l'Assemblée nationale. — *Paris, Vve Desaint, S. D.* (1790), *in*-8°, 8 *p.*

¶ — Dans le couvent des Cordeliers s'assembla un club célèbre. Les écrits qui s'y rattachent sont purement politiques.

SAINT-DENIS-EN-FRANCE.

552. — **A history** and description of the royal Abbaye of Saint-Denis, with an account of the tombs of the Kings and queens of France, and other distinguished persons interred there,... — *London, printed for Jordan*, 1795, *in*-8°, *IV*-96 *p.*

SAINT-DENIS-DE-LA-CHARTRE.

553. — MILLIN (A.-L.) — **Saint-Denis**-de-la-Chartre. — (1790), *in*-4°, 8 *p.*, 3 *pl.*

Antiq. nat., tome I.

DOMINICAINS.
(Voyez aussi JACOBINS.)

554. — **Adresse** des Dominicains de la rue du Bac à l'Assemblée nationale. (12 novembre 1789.) — *Paris, J.-C. Desaint, S. D.* (1789), *in*-8°, 8 *p.*

Cette adresse aurait été rédigée par le P. Bernard Lambert.

555. — **Adresse** des jeunes religieux Dominicains du collège général de Saint-Jacques de Paris à l'Assemblée nationale. — *Paris, Vve Desaint, S.D.* (1790), *in* 8°, 8 *p.*

Par le P. Bernard Lambert.

556. — **Mémoire** où l'on démontre que les Dominicains sont chanoines réguliers, et non religieux mendiants. — *Paris, Leclère, S. D.* (1790), *in*-8°, 36 *p.*

557. — **Les religieux** Dominicains de la rue Saint-Honoré... — *Paris, Leclère, S. D.* (1790), *in*-8°, 4 *p.*

Lettre à l'Assemblée nationale au sujet de leur traitement.

ÉCOLES CHRÉTIENNES.

558. — **Adresse** à l'Assemblée nationale pour les frères des Ecoles chrétiennes. — *Paris, imp. C. Volland, S. D.* (1790), *in*-8°, 7 *p.*

¶ — Sur le frère Renaud, des Ecoles chrétiennes du faub. Saint-Antoine, voy. le n° 889.

SAINTE-ÉLISABETH.

559. — **Adresse** à nosseigneurs de l'Assemblée nationale, de la part des religieuses du royal monastère de Sainte-Elisabeth, près le Temple, à Paris. — *S. L. N. D.* (1790), *in*-4°, 4 *p.*

Elles demandent la conservation de leur couvent.

SÉMINAIRE DU SAINT-ESPRIT.

560. — **Adresse** à nosseigneurs de l'Assemblée nationale, de la part des supérieurs et directeurs du séminaire du Saint-Esprit, rue des Postes, à Paris. (25 mars 1790.) — *Paris, imp. Crapart, S. D.* (1790), *in*-8°, 8 *p.*

SAINT-ÉTIENNE-DU-MONT.

561. — **Discours** de l'aumônier du bataillon de Saint-Etienne-du-Mont, prononcé le 28 mars 1790, jour de sa réception. — *Paris, imp. C. Simon, S. D.* (1790), *in*-8°, 8 *p.*

562. — **Le mariage** des prêtres, ou Récit de ce qui s'est passé à trois séances des assemblées générales du district de Saint-Etienne-du-Mont, où l'on a agité la question du mariage des prêtres ; avec la motion principale [*de l'abbé Ant.* DE COURNAND], et les opinions des honorables membres [*P.-R.-A.-G.* GUÉROULT *le jeune, professeur de rhétorique, P.* CROUZET, *professeur de belles-lettres*, etc., etc.] qui ont appuyé la motion ; publié au profit des pauvres ménages du district de Saint-Etienne-du-Mont [*par l'abbé* DE COURNAND]. — *S. L.*, (1790), *in*-8°, 96 *p.*

Il y a une autre édition en pages.

563. — BELOT (l'abbé). — **Discours** sur la liberté française, pour la bénédiction du drapeau du district de Saint-Etienne-du-Mont ; par M. l'abbé Belot, prêtre de la communauté de Saint-Etienne-du-Mont. — *Paris, chez l'auteur, S. D.* (1789), *in*-4°, 30 *p. et* 1 *f. de titre.*

Pour des raisons que l'auteur développe dans son *avertissement*, ce discours n'a pas été prononcé. Il est précédé d'une curieuse adresse aux *demoiselles* du district : « C'est vous qui avez fait naître cet ouvrage, c'est à vous que l'hommage en appartient... »

564. — **Domine** non secundum ou l'amende honorable. Dénonciation de

ce qui se passe tous les jours en l'église de Saint-Etienne-du-Mont. — *Rome, de l'imp. du Vatican*, 1789, *in*-8°, 18 *p*.

565. — FAUCHET (l'abbé Cl.) — **Oraison** funèbre de Charles Michel de l'Epée,... prononcée dans l'église Saint-Etienne-du-Mont, le... 23 février 1790. — *Paris, J.-R. Lottin...*, 1790, *in*-8°, 51 *p*.

566. — **Règlement** de la société religieuse établie en l'église Saint-Etienne-du-Mont, pour l'exercice du culte catholique. (23 août 1791.) — *Paris, imp.-libr. chrétienne, S. D.* (1791), *in*-8°, 11 *p*.

Document curieux. — Culte constitutionnel.

567. — CHAPUIS. — **Discours** prononcé au temple de la Piété filiale, à la fête des Epoux, le 10 floréal an VII [29 avril 1799]... 12e arrondissement. — *S. L. N. D.* (1799), *in*-8°, 19 p.

568. — **Procès-verbal** de la fête funèbre célébrée par l'administration municipale du 12e arrondissement... dans le temple de la Piété filiale, le 20 prairial an VII [8 juin 1799]... (en mémoire de) l'assassinat des plénipotentiaires français au congrès de Rastadt. — *Paris, imp. Ballard, S. D.* (1799), *in*-8°, 8 *p*.

569. — **Procès-verbal** de la fête de l'Agriculture, célébrée dans le temple de la Piété filiale le 10 messidor an VII [28 juin 1799]... 12e arrondissement... — *Paris, imp. Ballard, S. D.* (1799), *in*-8°, 15 *p*.

570. — CHAPUIS. — **Liberté**, égalité. Discours prononcé au temple de la Piété filiale, par le citoyen Chapuis, commissaire du pouvoir exécutif près l'administration du 12e arrondissement... le 1er vendémiaire an VIII [23 septembre 1799]. — *Paris, imp. Ballard, S. D.* (1799), *in*-8°, 16 *p*.

Fête de la fondation de la République.

571. — **Translation** du tombeau de Sainte-Geneviève en l'église de Saint-Etienne-du-Mont ; traduction libre d'un poème latin. — B. Genovefæ tumulus in ecclesiam Sancti Stephani de monte translatus (Carmen). — *Paris, imp. Egron*, 1804, *in*-8°, 8 *et* 11 *p*.

Par l'abbé J.-A. Guyot dont le nom est indiqué à la fin du texte latin; la traduction est du même. Les notes historiques qui accompagnent ce morceau ne manquent pas d'intérêt. La traduction ou le texte se trouvent quelquefois séparément; leur pagination est distincte.

SAINT-EUSTACHE.

572. — **Cahier** du tiers-état du district assemblé dans l'église de Saint-Eustache, à Paris, le 21 avril 1789. — *S. L. N. D.* (1789), *in*-8°, 14 *p*.

573. — DUVAUCEL DE RÉZEL (l'abbé). — **Discours** pour la bénédiction des drapeaux des districts de Saint-Magloire et des Filles Saint-Thomas, prononcé le 17 septembre 1789, dans l'église paroissiale de Saint-Eustache, et le 25, dans celle de Saint-Roch, par M. l'abbé Duvaucel de Rézel, citoyen du district, vicaire général de Troyes, prédicateur du roi. — *Paris, imp. de Vve Delaguette, S. D.* (1789), *in*-8°, 19 *p*.

— * La mitre renversée... (1789).

Voyez le n° 54.

574. — LE CLERC (l'abbé). — **Discours** prononcé dans l'église de Saint-Eustache, le 24 février 1790, à l'occasion du service que le district de la Jussienne a fait célébrer pour le repos de l'âme des citoyens morts en combattant pour la liberté, par l'abbé Le Clerc, prêtre habitué de Saint-Eustache, aumônier du bataillon. — *Paris, imp. Pellier*, 1790, *in*-8°, 24 *p*.

575. — TRASSART (l'abbé). — **Oraison** funèbre des braves guerriers morts à Nancy le 31 août 1790, en combattant pour l'exécution de la loi, prononcée le 1er octobre 1790, dans l'église de Saint-Eustache, en présence de M. le maire de Paris. — *Paris, S. D.* (1790), *in*-8°.

Pièce citée par M. Cocheris, dans son édition de Lebeuf, tome I, p. 251.

— * De la suppression des cloches... (1790).

Voyez le n° 99.

576. — **Les aristocrates** et les facétieux mis en déroute par le serment du curé de Saint-Eustache. — *Paris, de l'imprimerie de la Liberté, rue Percée, S. D.* (1791), *in*-8°, 8 *p.*

577. — **Détail** exact des funérailles et enterrement de M. de Mirabeau ; avec l'ordre de la marche, et le procès-verbal de l'ouverture de son corps. — *Paris, de l'imp. patriotique*, 1791, *in*-8°, 8 *p.*

Sur l'exemplaire de la Bibliothèque nationale, on lit cette note d'une écriture ancienne : « N'est point exact ».

578. — **Epitaphe** de Mirabeau, placée en l'église Saint-Eustache, le 12 mai 1791, jour auquel les apôtres de la liberté de M. Palloy, de retour de leur mission dans les 82 départements du royaume ont fait célébrer un service funèbre à la mémoire de ce grand homme. La célébration a été faite par M. l'abbé Poupard, curé de ladite paroisse, et confesseur du roi des Français. — *S. L. N. D.* (1791), *placard in-folio.*

Il existe une curieuse lettre d'invitation à cette cérémonie ; elle est signée : Jonnery, Régnier, Jacquemot.

579. — **Pompe** funèbre d'Honoré-Gabriel Riquetti de Mirabeau... — *Paris, imp. Froullé, S. D.* (1791), *in*-8°, 7 *p.*

580. — **L'ordre** et la marche de l'enterrement de M. de Mirabeau. Cause de sa maladie. Ses dernières paroles. Détail de l'assassinat de son secrétaire. Explication de l'ordre et la marche à la cérémonie des pompes funèbres de M. Mirabeau. Grand bal donné par les aristocrates le jour et à l'occasion de la mort de M. Mirabeau. — *Paris, imp. Labarre, S. D.* (1791), *in*-8°, 8 *p.*

581. — **Détail** des honneurs funèbres rendus hier au soir à M. de Mirabeau par la nation reconnaissante ; avec les cérémonies qui ont eu lieu à Saint-Eustache et à Sainte-Geneviève. — *Paris, de l'imp. patriotique*, 1791, *in*-8°, 8 *p.*

582. — CERUTTI. — **Oraison** funèbre de M. de Mirabeau, prononcée dans le chœur de Saint-Eustache, par M. l'abbé de Serutti (*sic*) ; suivi du discours de M. l'évêque d'Autun. — *Paris, imp. Labarre, S. D.* (1791), *in*-8°. 8 *p.*

583. — CERUTTI. — **Eloge** funèbre de M. de Mirabeau, prononcé le jour de ses funérailles, dans l'église de Saint-Eustache, par M. Cerutti, au nom de la section de la Grange-Batelière, devant l'Assemblée nationale. — *Paris, Desenne*, 1791, *in*-8°, 12 *p.*

On peut rapprocher de ce discours une notice sur Mirabeau, insérée dans le journal de Cerutti, *La feuille villageoise*, n° 29, 14 avril 1791.

584. — **Oraison** funèbre de très grand et très illustre personnage, Honoré Riquetti, ci-devant comte de Mirabeau, surnommé le Père de la liberté... composée par un prélat citoyen et prononcée le jour de ses funérailles, en présence des membres les plus distingués de l'Assemblée nationale, du département, de le municipalité et de l'armée parisienne, le 4 avril 1791. — *Paris, imp. Tremblay, S. D.* (1791), *in*-8°, 8 *p.*

Canard publié à l'occasion des funérailles de Mirabeau.

— ¶ — Les funérailles de Mirabeau donnèrent lieu aussi à des cérémonies célébrées au Panthéon. Voyez les n°s 631-633.

585. — **Municipalité** du 3e arrondissement. Fête de la Reconnaissance. 10 prairial l'an VI [29 mai 1798]. — *Paris, imp. Palissaux, S. D.* (1798), *in*-8°, 14 *p.*

586. — BOSSU (l'abbé). — **Discours** prononcé par M. Bossu, curé de Saint-Eustache, le 15 mars 1803, au service solennel célébré à Saint-Roch, pour MM. les curés de Paris décédés depuis 18 ans. — *Paris, S. D.* (1803), *in*-8°, 16 *p.*

FEUILLANTS.

588. — MILLIN (A.-L.) — **Les Feuillants** de la rue Saint-Honoré. — (1790), *in*-4°, 82 *p.*, 11 *pl.*

Antiq. nat., tome I.

— ¶ — « Pendant l'exercice du culte décadaire, les acteurs et musiciens du théâtre du Vaudeville se rendaient tous les décadis dans la salle d'assemblée de la section des Tuileries, ancienne maison des Feuillants de la rue Saint-Honoré. On y prononçait des discours, on y exécutait des morceaux de chant et de musique. Les réunions étaient toujours très nombreuses, et l'on ne manquait guère d'ordonner l'impression des discours très moraux de Dulaurent ». (*Littérature franç. contempor.*, t. III, p. 327.)

590. — DULAURENT. — **Pratique** du bon français, lue dans la section des Tuileries, pour l'ouverture du temple de la Raison et de la Vérité, le 10 brumaire l'an 2e... [31 octobre 1793]. — *S. L. N. D.* (*Paris*, 1793), *in*-8°, 6 *p.*

Cette pièce se rapporte peut-être à l'église Saint-Roch. Cf. Le n° 833 et voyez plus loin les articles relatifs à cette paroisse.

591. — **Couplets** chantés le décadi 10 frimaire [an II-30 novembre 1793], à la fête de la Raison, dans le sein de l'Assemblée de la section des Tuileries. [Signé : Par les citoyens Léger et Barré]. — L'inutilité des prêtres, vaudeville républicain du C. Piis, chanté à la section des Tuileries et sur le théâtre du Vaudeville. — *Paris, imp. Baudouin, S. D.* (1793), *in*-8°, 6 *p.*

Le premier morceau est en trois couplets, sur l'air : *Comment goûter quelque repos.* Le second est en 12 couplets ; air : *du Vaudeville des Visitandines.* — La pièce des cit. Léger et Barré n'a rien de curieux ; celle du cit. Piis serait à citer tout entière ; en voici le premier couplet :

Va, va, mon père, je te jure
Que par la mort des préjugés,
Les sentiments de la nature
Sont loin d'avoir été changés. (*bis*).
Pour chérir l'auteur de mon être
Et voter son parfait bonheur,
Il me suffira de mon cœur,
Je n'aurai plus besoin de prêtre. (*bis*).

Tout le reste est sur le même ton.

592. — DULAURENT. — **Le bon père**, discours prononcé dans la section des Tuileries, le décadi 20 frimaire [10 décembre 1793], à la fête de la Raison et de la Vérité. — *Paris, Imp. nationale exécutive du Louvre, an II, in*-8°, 16 *p.*

593. — DULAURENT. — **La bonne mère**, discours prononcé dans la section des Tuileries, à la fête de la Raison, le 20 frimaire l'an II... [10 décembre 1793]. — *Paris, Imp. nationale exécutive du Louvre, an II, in*-8°, 20 *p.*

594. — DULAURENT. — **Le bon fils**, discours prononcé dans la section des Tuileries, le décadi 10 germinal [30 mars 1794], à la fête de la Raison et de la Vérité. — *Paris, Imp. nationale exécutive du Louvre, an II, in*-8°, 27 *p.*

595. — **Prières** républicaines du matin et du soir, qui sont : l'Invocation à la Liberté ; la Salutation aux Sans-Culottides ; le Credo et les commandements... lues à la section des Tuileries. — *Paris, Coulubrier, S. D.* (1794), *in*-4°.

FEUILLANTINES.

596. — **Loi** qui autorise le Directoire exécutif à faire l'échange des propriétés nationales connues sous les noms de Maisons de l'Université et des Feuillantines, à Paris, contre celle de Castries. 3 frimaire an VI (23 novembre 1797).

Collect. Duvergier, tome X, p. 142.

FILLES DU CALVAIRE.

597. — **Pétition** au Corps législatif. (17 fructidor an IV [3 septembre 1796].) — *Paris, imp. Dupont, S. D.* (1796), *in*-8°, 7 *p.*

Signé : Huet, Desormeaux, Tardieu. — Au sujet de l'ancien couvent des Filles du Calvaire.

FILLES SAINT-THOMAS.

(Voyez SAINT-THOMAS.)

FILLES DE LA TRINITÉ.

598. — ROUSSEAU. — **Corps législatif**, Conseil des Anciens, Rapport sur une résolution du 8 nivôse qui autorise le Directoire exécutif à aliéner une maison nationale située Petite-Rue de Reuilly, faubourg Saint-Antoine,

Séance du 6 pluviôse an VII [25 janvier 1799]. — *Paris, Imp. nationale, an VII, in-8°, 8 p.*

Maison des « ci-devant Filles de la Trinité » où était établie une fabrique de cornes transparentes à l'usage de la marine; cette fabrique était dirigée par le citoyen Tissot.

SAINT-FRANÇOIS D'ASSISE.
(Voyez aussi CAPUCINS.)

599. — TALLIEN (J.-L.). — **Hommage** à la mémoire d'Honoré Riquetti Mirabeau. Discours prononcé dans l'église paroissiale de Saint-François d'Assise, le 14 avril 1791. — *Paris, imp. Tremblay*, 1791, *in-8°.*

SAINTE-GENEVIÈVE.

— ¶ — On s'étonnera peut-être de trouver ici l'indication de plusieurs écrits, relatifs à l'église de Sainte-Geneviève, publiés bien antérieurement à l'époque dans laquelle est circonscrit ce travail; c'est qu'il a semblé intéressant d'éclairer une question qui resta pendante fort longtemps et qui, ayant pris naissance dès l'origine de la construction du monument était encore très débattue à la fin de la Révolution. (Cf. Mercier, *Nouveau Paris*, édition de 1862, chap. XXX et XCIII.)

600. — **Mémoire** contenant des observations sur la disposition de la nouvelle église de Sainte-Geneviève; par un des élèves de l'Académie royale d'architecture. (Epigraphe : « *Labor omnia vincit improbus* ».) — *A La Haye (Paris)*, 1765, *in-12, 35 p.*

Par Desbœufs, d'après Barbier, confirmé par une note ms. d'une écriture ancienne.

601. — **Doutes** raisonnables d'un marguillier de la paroisse de Saint-Etienne-du-Mont, sur le problème proposé par M. Patte, architecte, concernant la construction de la coupole de l'église de Sainte-Geneviève. — *A Amsterdam; et se trouve à Paris, chez Jombert fils*, 1770, *in-8°, 1 f. de tit. et 21 p.*

Par J. Rondelet? — Autre édition sous le titre de « Mémoires en réponse à celui de M. Patte... », en 1772, beaucoup plus ample. — Cet écrit a aussi été inséré dans le tome III des « Œuvres diverses » de Ch. Nic. Cochin, Paris, 1771, 3 vol. in-12. Il serait très possible qu'il fût de ce dernier, car dans le titre de départ on lit : « Lettre de M. C... »

602. — PATTE. — **Mémoire** sur la construction de la coupole projetée pour couronner la nouvelle église de Sainte-Geneviève à Paris; où il est question de prouver que les piliers déjà exécutés et destinés à porter cette coupole, n'ont point les dimensions nécessaires pour espérer d'y élever un semblable ouvrage avec solidité... — *Amsterdam; et Paris, Gueffier*, 1770, *in-4°, 38 p., 2 planches.*

603. — PATTE. — **Lettre** sur la faiblesse des piliers destinés à soutenir la coupole de la nouvelle église de Sainte-Geneviève à Paris...

Insérées dans les *Annales politiques*.. tome VI, p. 201-216.

604. — GAUTHEY (E.-M.) *ingénieur*. — **Mémoire** sur l'application des principes de la méchanique à la construction des voûtes et des dômes, dans lequel on examine le problème proposé par M. Patte relativement à la construction de la coupole de l'église Sainte-Geneviève à Paris. — *Dijon, Frantin; Paris, Jombert*, 1771, *in-4°, 2 f. de tit. 67 p. et 3 planches.*

Cf. n° 615.

605. — LAFFON (A.-D.). — **Rapport** fait à l'Assemblée nationale sur l'achèvement du Panthéon français, au nom du comité de l'ordinaire des finances, le 24 décembre 1791. Imprimé par ordre de l'Assemblée nationale. — *Paris, Imp. nationale, S. D.* (1791), *in-8°, 6 p.*

606. — QUATREMÈRE DE QUINCY (A.-C.). — **Rapport** sur l'édifice dit de Sainte-Geneviève, fait au directoire du département de Paris par M. Quatremère-Quincy. — *Paris, Imp. Royale*, 1791, *in-4°, 50 p.*

607. — QUATREMÈRE DE QUINCY (A.-C.). — **Rapport** fait au directoire du département de Paris, le 13 novembre 1792, l'an premier de la République française, sur l'état actuel du Panthéon français; sur les changements qui s'y sont opérés; sur les travaux qui restent à entreprendre, ainsi que sur l'ordre administratif établi

pour leur direction et la comptabilité. Par Ant. Quatremère, commissaire du département pour l'administration et la direction du Panthéon français. — *Paris, imp. Ballard, S. D.* (1792), *in-8°, 51 p.*

608. — Quatremère de Quincy (A.-C.). — **Extrait** du premier rapport présenté au directoire, dans le mois de mai 1791, sur les mesures propres à transformer l'église dite de Sainte-Geneviève en Panthéon français; par Ant. Quatremère. — *Paris, imp. Ballard*, 1792, *in-8°, 34 p.*

609. — Quatremère de Quincy (A.-C.). — **Rapport** fait au directoire du département de Paris sur les travaux entrepris, continués ou achevés au Panthéon français depuis le dernier compte, rendu le 17 novembre 1792, et sur l'état actuel du monument, le deuxième jour de l'an 2e de la République française une et indivisible; par Ant. Quatremère, commissaire du département, à la direction et administration du Panthéon français. Imprimé par ordre du directoire. — *Paris, imp. Ballard, S. D.* (1793), *in-8°, 4 f. limin. non pagin., et* 80 *p.*

Le faux-titre porte : « Rapport sur l'état actuel du Panthéon français ». — Cf. le n° 463 et aussi le n° 635.

610. — **Rapport** sur les comptes du Panthéon français pour les années de juillet 1791 à juillet 1792, et de juillet 1792 à juillet 1793. — Arrêté général sur les deux comptes du Panthéon français, présentés au département par l'administration de ce monument. (21 ventôse an II [11 mars 1794].) — *Paris, imp. Ballard, S. D.* (1794), *in-8°, 7 p.*

Signé : Lemit, Lachevardière, etc. — On lit en tête du titre : « Département de Paris, bureau des travaux publics ».

¶ — L'inscription du fronton du Panthéon : « Aux grands hommes la patrie reconnaissante » est de M. Pastoret. Cf. n° 211.

611. — **Projet** du Point-Central des Arts et Métiers, pour la restauration du dôme du Panthéon. — *Paris, Sobry, (et autres), an V, in-4°, 8 p. 1 pl.*

Le Point-Central était une société philotechnique séante au Louvre.

612. — Rondelet (J.) *architecte.* — **Mémoire** historique sur le dôme du Panthéon français, divisé en quatre parties : la Ie contient la description de ce monument. La IIe, le détail historique... Dans la IIIe partie on examine si les murs... ont les dimensions nécessaires... La IVe partie contient le détail exact de tous les accidents... — *Paris, Dupont, an V*-1797, *in-4°, 1 feuillet de tit.*, 118 *p.*, 17 *planches et 1 feuillet d'explication.*

Peut-être ne faut-il que 10 planches, car dans l'exemplaire que j'ai vu, les 7 dernières n'étaient pas numérotées. — Réimprimé en 1814 in-4° avec 20 planches.

613. — Viel (Ch.-Franc.). — **Moyens** pour la restauration des piliers du dôme du Panthéon français. — *Paris, imp. Perronneau*, 1797, *in-4°, 24 et 8 p., 2 pl.*

Les 8 dernières pages, datées de prairial an VI, et sans nom d'imprimeur, quoique publiées longtemps après la première partie de l'ouvrage, ont pour titre de départ : « Plans et coupes du projet de restauration des piliers du dôme du Panthéon français ». — Le « Journal général de la littérature » (année 1798, p. 277) a rendu compte de l'ouvrage de Viel et en a fait l'éloge.

614. — Dewailly (Ch.). — **Vues** sur le Panthéon français, et moyens de remédier aux effrayantes dégradations qui s'y manifestent, par le cit. Dewailly, architecte, membre de l'Institut. Extrait de la décade philosophique. *S. L. N. D.* (*Paris*, 179...), *in-8°, 4 p., 1 pl.*

Lance, dans le Dictionnaire des architectes, fait remarquer que c'est à tort que le nom de ce personnage est quelquefois orthographié De Wailly.

615. — Gauthey (E.-M.). — **Dissertation** sur les dégradations survenues aux piliers du dôme du Panthéon français et sur les moyens d'y remédier. — *Paris, Perronneau*, 1798, *in-4°, ? pl.*

D'après un catalogue. — Cf. le n° 604.

616. — Giraud (P.). — **Moyen**

prompt, économique et sûr de réparer à perpétuelle demeure les piliers et colonnes engagées du dôme du Panthéon français. — *Paris, l'auteur; Desenne, S. D.* (*vers* 1798), *in*-4°, 7 *p*. 1 *pl*.

617. — Gisors (A.-J.-B.-G.). — **Essais** sur les moyens d'opérer la restauration des supports de la tour du dôme du Panthéon français. — *Paris, Baudouin, frimaire an VII* [*décembre* 1798], *in*-4°, 26 *p*., 1 *pl. repliée*.

618. — Labarre (E.). — **Mémoire** et projet sur la restauration du Panthéon français. — *Paris, Barbou, an VI* (1798), *gr. in*-4°, 8 *p*., 5 *pl. au trait*.

619. — Lagardette (l'abbé C.-M. de). — **Essai** sur la restauration des piliers du dôme du Panthéon français. Par C.-M. Delagardette, arthitecte, pensionnaire de la République. — *Paris, l'auteur; Barbou, an VI, in*-4°, 6 *p. et* 1 *pl*.

Je ne connais *de visu* que cette édition. Cependant, les journaux bibliographiques du temps (Journal général, 1798, p. 249; Journal typogr. de Roux, tome VI, p. 545), semblent l'avoir annoncée comme une *nouvelle* édition; de plus, Quérard (*France littéraire*) indique le format in-12, ce qui est possible, avec la date de 1768, ce qui est, je crois, une erreur.

620. — Revellière-Lépeaux (L.-M.). — **Du Panthéon** et d'un théâtre national. — *Paris, imp. H.-J. Jansen, frimaire an VI, in*-8°, 15 *p*.

L'auteur propose de construire un Panthéon dans les bois de Meudon, pour y « recueillir les cendres et les monuments de ceux qui ont illustré leur pays par leurs vertus, par leurs talents, par leur savoir, et par leurs services en quelque genre que ce soit ».

621. — Vaudoyer (A.-L.-T.). — **Restauration** des piliers du Panthéon français, présentée au ministre de l'intérieur le 1er pluviôse an VI [20 janvier 1798]. — *Paris, Desenne, an VI, in*-4°, *plans*.

622. — Vaudoyer (L.) architecte. — **Projet** de restauration des piliers du dôme du Panthéon français. — *Paris, Didot, pluviôse an VI, in*-4°, 12 *p*., 1 *pl*.

623. — Millin (A.-L.). — **Abbaye** de Sainte-Geneviève. — (1799), *in*-4°, 120 *p*., 6 *pl*.

Antiq. nat., tome V.

624. — Petit-Radel (L.-F.). — **Projet** pour la restauration du Panthéon français. — *Paris, Gillé, an VII, in*-4°, 16 *p*., 4 *pl*.

625. — Peyre (A.-F.). — **Restauration** du Panthéon français; compte rendu par le citoyen Peyre, membre de la commission nommée pour l'examen du dôme du Panthéon français. — *Paris, Agasse*, 1799, *in*-4°, 24 *p*., *planches*.

626. — Patte. — **Analyse** raisonnée de l'état alarmant du dôme du Panthéon français, quelles qu'en soient les causes..., *in*-4°, 56 *p*., 2 *pl*.

Publié dans les « Mémoires qui intéressent particulièrement Paris », par Patte, architecte. (Paris, Art. Bertrand, an IX, in-4°).

627. — Rondelet (J.). — **Description** du Panthéon français... — *Paris, l'auteur*, 1804, *in*-8°, 45 *p*. 3 *pl*.

---

628. — Lebois. — **Récit** exact de ce qui s'est passé hier à Sainte-Geneviève, par les dames du marché Saint-Martin, et de là à l'Hôtel de Ville; avec un compliment prononcé par Mlle Bourbau, âgée de dix-sept ans, à M. le prieur de Sainte-Geneviève. — *Paris, imp. Grangé*, 1789, *in*-8°, 8 *p*.

629. — **Discours** prononcé au directoire du département de Paris, en lui présentant une pétition contre le projet de déplacer la châsse de sainte Geneviève. — *Paris, imp. de veuve Desaint, S. D.* (1791), *in*-4°.

¶ 630 — On trouve dans la *Gazette des cultes*, du samedi 16 janvier 1830, un article court mais intéressant sur la destruction des reliques de Sainte-Geneviève en 1793.

* — **Translation** du tombeau de Sainte-Geneviève en l'église de Saint-Etienne-du-Mont. (Par l'abbé J.-A. Guyot, 1804).

Voyez le n° 571.

631. — Vaudoyer (A.-L.-T.). —

Idées d'un citoyen français sur le lieu destiné à la sépulture des hommes illustres de France. (5 avril 1791.) — *Paris, chez les march., de nouv., S. D.* (1791), *in-8°, 8 p.*

Publié à l'occasion de la pompe funèbre de Mirabeau. L'auteur propose d'adopter pour l'objet susdit les Champs-Elysées au lieu du Panthéon.

632. — **L'ordre** de la marche et le grand détail de la cérémonie qui sera célébrée samedi 14 de mai, à l'honneur de Mirabeau, en la nouvelle église de Sainte-Geneviève, par les ouvriers de ce bâtiment... — *Paris, imp. Gouriet, S. D.* (1791), *in-8°, 8 p.*

633. — **Honneurs** funèbres rendus à Mirabeau par M. Palloy et les ouvriers de la Bastille, le 14 avril 1791. — *Paris, imp. A.-J. Gorsas, S. D.* (1791), *in-8°, 4 p.*

Programme d'une cérémonie religieuse à Sainte-Geneviève.

* — **Détail** exact des funérailles et enterrement de M. de Mirabeau...

Voyez les nos 572 et ss.

634. — Gossin. — **Décret** sur la translation des cendres de Voltaire à Sainte-Geneviève, précédé du Rapport fait par M. Gossin, au nom du comité de constitution, le 30 mars 1791. Imprimé par ordre de l'Assemblée nationale. — *Paris, Imp. nationale, S. D.* (1791), *in-8°.*

635. — **Pétition** à l'Assemblée nationale...

Protestation contre la *panthéonisation* de Voltaire.

Je n'ai pas cette pièce sous les yeux, n'ayant pas encore pu la découvrir et je ne puis que reproduire la note que j'ai prise à son sujet dans la *Notice historique sur Quatremère de Quincy* par M. Guignaut (édition de 1866, in-4°, p. 62).

« C'est une pétition... signée *Quatremer* (*sic*), municipal, etc., section des Innocents, *Bricogne, Agier*, etc., etc., et dont les signataires, minorité religieuse et non sans courage du conseil de la Commune, protestent contre l'idée de la pompe funèbre de Voltaire, contre la translation dans *ce Panthéon, ce temple nouveau, où tout sera Dieu excepté Dieu même, des cendres du philosophe qui a prédit la Révolution, de l'ennemi du christianisme, du rival de son fondateur, et contre l'apothéose qui lui est décernée avec le titre de Grand* ».

Un des principaux signataires de cette pétition, Marc-Etienne Quatremère, marchand drapier, fonctionnaire municipal de la section du marché des Innocents, naquit en 1751; il fut mis à mort par jugement du tribunal révolutionnaire le 21 janvier 1794, et quoique le texte de ce jugement porte un tout autre motif, il est certain qu'il paya de sa tête son attachement aux opinions conservatrices et ses convictions religieuses. Il était cousin de Quatremère de Quincy : il est curieux de rapprocher ces pensées avec les vues que celui-ci a développées dans ses trois « Rapports sur l'édifice dit de Sainte-Geneviève », et de voir à quel point Marc-Etienne Quatremère était en opposition d'idées avec son parent. (Voir les nos 606 et ss., et aussi le n° 638.

636. — **Translation** de Voltaire à Paris, et détails de la cérémonie qui aura lieu le 14 (*sic*) juillet, arrêtés par le directoire du département de Paris, sur le rapport de M. Charron, officier municipal, commissaire à la translation. — *Paris, imp. de Lottin l'aîné...*, *S. D.* (1791), *in-8°, 37 p.*

637. — **Translation** de Voltaire à Paris. Ordre de la marche et du cortège qui sera exécuté dans cette cérémonie. Suivi du *Credo* de Voltaire. — *Paris, Guilhemat, S. D.* (1791), *in-8°, 8 p.*

Pièce curieuse et donnant beaucoup de détails.

638. — **Détail** exact et circonstancié de tous les objets relatifs à la fête de Voltaire. Extrait de la *Chronique de Paris.* — *Paris, imp. Fiévée, S. D.* (1791), *in-8°, 8 p.*

On trouve dans cette pièce une allusion à la pétition signée : Quatremère, Bricogne, etc., dont j'ai parlé sous le n° 635.

639. — **Ordre** et marche de la translation de Voltaire à Paris... 11 juillet, et sa profession de foi. — *Paris, imp. du Cercle social*, 1791, *in-8°, 8 p.*

640. — Pithou. — **Discours** sur la seconde fête fédérative, et sur l'inauguration de Voltaire. — *Paris, imp. Renaudière, S. D.* (*juillet* 1791), *in-8°, 16 p.*

641. — **Lettre** de Voltaire à l'Assemblée nationale. (12 juillet 1791.) — *S. L. N. D.* (1791), *in-8°, 7 p.*

Par M. Musnier de Plaignes, d'après une note ms. sur l'exemplaire de la Biblioth. nat.

— Publié à l'occasion de la cérémonie du Panthéon.

642. — **Lettre** apologétique à MM. les administrateurs du département de Paris. — *S. L. N. D.* (1791), *in*-8°, 12 *p.*

A l'occasion de la translation des restes de Voltaire au Panthéon. — Très curieux pamphlet critique et satirique.

643. — **Les bienfaits** de Voltaire envers le bon peuple français.— *Paris, imp. Fiévée, S. D.* (1791), *in*-8°, 15 *p.*

Publié à l'occasion de la pompe funèbre de Voltaire.

644. — **Voltaire** des Champs Elysées à ses concitoyens. — *Paris, Volland, S. D.* (1791), *in*-8°, 8 *p.*

Je n'ai vu de cette pièce qu'un exemplaire incomplet du titre. Le titre ci-dessus est celui de la page 3.

645. — **L'apothéose** de Voltaire, ou le triomphe de la religion et des mœurs. — *S. L. N. D.* (1791), *in* 8°, 8 *p.*

Satire à 'occasion de la translation de Voltaire au Panthéon, le 11 juillet 1791.

---

646. — **Ordre**, marche et détail de la cérémonie décrétée par l'Assemblée nationale, consacrée au respect de la Loi, et dans laquelle on honorera la mémoire de Jacques Guillaume Simoneau, mort à son poste pour la défense de la loi; laquelle aura lieu le dimanche 3 juin 1792. — *Paris, imp. Ballard*, 1792, *in*-8°, 11 *p.*

Après la cérémonie qui eut lieu au Champ de Mars, l'écharpe du maire d'Etampes, ainsi qu'un bas-relief représentant le trait historique, furent déposés au Panthéon. — Ce programme a eu une autre édition en 8 pages, imprimée sur très mauvais papier.

647. — Decaisne (l'abbé). — **Discours** prononcé dans l'église paroissiale de Sainte-Geneviève par M. Decaisne, premier vicaire de cette paroisse au service que les citoyennes de la section du Panthéon français ont fait célébrer le jeudi 23 août 1792. — *Paris, imp. de la Société typographique des Trois Amis, S. D.* (1792), *in*-8°, 13 *p.*

648. — Chénier (M.-J.). — **Rapport** fait à la Convention nationale au nom des comités d'instruction publique et des inspecteurs... — *Paris, Imp. nat. S. D.* (1793), *in*-8°, 4 *p.*

Pour la célébration des funérailles de Lepelletier Saint-Fargeau.

649. — **Commune** de Paris. Ordre de la marche qui se fera aujourd'hui pour les obsèques du citoyen Pelletier Saint-Fargeau, en exécution du décret de la Convention nationale qui lui décerne les honneurs du Panthéon français. — *Paris, imp. Provost, S. D.* (1793), *in*-4°, 4 *p.*

650. — **Ordre**, marche et cérémonies qui seront observées aujourd'hui pour la translation du corps de Michel Pelletier Saint-Fargeau au Panthéon... — *Paris, imp. Tremblay, S. D.* (1793), *in*-8°, 7 *p.*

651. — **Ordre** de la marche et des cérémonies qui seront observées aux funérailles de Michel Le Pelletier, député à la Convention nationale, à qui l'Assemblée accorde les honneurs du Panthéon français. — *Paris, imp. de l'hôtel de Londres*, 1793, *in*-8°, 8 *p.*

652. — Robespierre (Max.). — **Convention** nationale. Rapport fait au nom du comité de salut public, le 23 nivôse an II [12 janvier 1794]. — *Paris, Imp. nat., S. D.* (1794), *in*-8°.

Pour faire décerner les honneurs du Panthéon à Fabre, de l'Hérault.

653. — Chénier (M.-J.). — **Rapport** fait à la Convention nationale au nom du comité d'instruction publique; suivi du décret rendu à la séance du 2 octobre 1793, l'an second de la République. Imprimé par ordre de la Convention nationale. — *Paris, Imp. nat., S. D.* (1793), *in*-8°, 6 *p.*

Projet de décerner à Descartes les honneurs du Panthéon et de lui élever un tombeau dans ce monument.

654. — **Décrets** [n° 1646] de la Convention nationale des 2 et 4 octobre 1793, l'an second de la République française, une et indivisible, qui ac

cordent à René Descartes les honneurs dus aux grands hommes, et ordonnent de transférer au Panthéon français son corps, et sa statue faite par le célèbre Pajou. — *Paris, de l'Imp. nat. exécutive du Louvre*, 1793, *l'an IIe de la République, in-4°*, 3 *p.*

655. — **Pétition** à l'Assemblée nationale, contenant demande de la translation des cendres de J.-J. Rousseau au Panthéon français. IIe séance du 27 août 1791. [Signé : Ginguené, rédacteur de la Pétition, etc.] — Pétition des citoyens de la ville et du canton de Montmorency, à l'Assemblée nationale. — *S. L. N. D.* (1791), *in-8°*, 15 *p.*

656. — Lakanal. — **Rapport** sur J.-J. Rousseau, fait au nom du comité d'instruction publique, dans la séance du 29 fructidor [15 septembre 1794]. Imprimé par ordre de la Convention nationale, et envoyé aux départements, aux armées et à la république de Genève. — *Paris, Imp. nat., S. D.* (1794), *in-8°*, 14 *p.*

657. — Chénier (M.-J.). — **Rapport** fait à la Convention nationale au nom du comité d'instruction publique... le 5 frimaire [25 novembre 1793], et suivi du décret rendu en conséquence. Imprimé par ordre de la Convention nationale. — *Paris, Imp. nat., S. D.* (1793), *in-8°*, 8 *p.*

Le décret porte que les cendres de Mirabeau seront retirées du Panthéon et que, le même jour, le corps de Marat y sera transféré.

658. — **Fête** sans-culottide des récompenses. Les détails, l'ordre et la marche de toutes les cérémonies qui doivent être observées à la translation des cendres de l'ami du peuple au Panthéon français. (4e sans-culottide [20 septembre 1794].) — *Paris, imp. de Franklin, S. D.* (1794), *in-8°*, 4 *p.*

659. — **Discours** prononcé par le président de la Convention nationale [Cambacérès], lors de la translation des cendres de Jean-Jacques Rousseau au Panthéon, le 20 vendémiaire an III [11 octobre 1794]. Imprimé par ordre de la Convention nationale. — *Paris, Imp. nat., vendémiaire an III, in-8°*, 3 *p.*

660. — **Grande** dispute au Panthéon entre Marat et Jean-Jacques Rousseau. — *Paris, imp. des Sans-Culottes, S. D.* (1794), *in-8°*, 15 *p.*

661. — **Voyage** à Ermenonville, ou lettre sur la translation de J.-J. Rousseau au Panthéon. — *Paris, Meurant, l'an troisième de la République française* [1794], *in-8°*, 1 *f. de tit. et* 47 *p.*

662. — David. — **Rapport** sur la fête héroïque pour les honneurs du Panthéon aux jeunes Barra et Viala. Séance [de la Convention] du 23 messidor an II [11 juillet 1794]. Imprimé par ordre de la Convention nationale. — *Paris, Imp. nat., S. D.* (1794), *in-8°*, 14 *p.*

663. — David. — **Rapporto** su la festa eroica per gli onori nei Pantheone da rendersi ai giovani Barra e Viala... — *Parigi, Stamperia nazonale delle leggi, anno II° della repubblica, in-8°*, 19 *p.*

Traduction italienne du numéro précédent.

664. — David. — **Commission** d'instruction publique. Surveillance des fêtes nationales. Fête héroïque le 10 thermidor an II [28 juillet 1794], pour les honneurs du Panthéon à décerner aux jeunes Barra et Viala. Plan de l'ordonnance de la fête. Extrait du Rapport fait à la Convention nationale le 23 messidor an II... — *Paris, imp. de la Commission d'instruction publique, S. D.* (1794), *in-8°*, 14 *p.*

665. — **Détail** exact de la fête héroïque et de toutes les cérémonies pour les honneurs du Panthéon, à décerner aux jeunes Barra et Viala, le 10 thermidor, d'après le rapport par David, séance du 23 messidor an II; suivi de l'hymne par Chénier. — *Paris, Lefèvre, S. D.* (1794), *in-8°*, 8 *p.*

Pièce curieuse; sur le titre se trouvent les portraits des deux jeunes héros républicains.

SAINT-GERMAIN-L'AUXERROIS.

666. — **Discours** de M. Desessarts,... président de l'assemblée du district de Saint-Germain-l'Auxerrois, lors de la bénédiction du drapeau de ce district, le 26 juillet 1789, et discours de remercîment qui lui a été adressé... au nom du district, par M. Vion, référendaire à la chancellerie du Palais... — *S. L. N. D.* (1789), *in-8°*, 8 *p*.

667. — Hazard (l'abbé). — **Discours** sur la Révolution, prononcé en la paroisse royale de Saint-Germain-l'Auxerrois en 1790, le jour de la Pentecôte. — *Paris, imp. A.-J. Gorsas, S. D.* (1790), *in-8°*, 16 *p*.

668. — **L'ordre** et la marche de la procession de Saint-Germain-l'Auxerrois, le jeudi 3 juin 1790, jour de la fête du Saint-Sacrement. — *Paris, imp. Chaigneau frères, S. D.* (1790), *in-8°*, 4 *p*.

— Autre édition. — *Paris, imp. Thiboust*, 1790, *in-8°*.

L'exemplaire de la Bibliothèque nationale contient une carte d'entrée du reposoir du faubourg Saint-Denis.

669. — **Octave** Fête-Dieu. L'ordre et la marche de la procession de Saint-Germain-l'Auxerrois, le jeudi 10 juin 1790. — *Paris, imp. Chaigneau, S. D.* (1790), *in-8°*, 4 *p*.

670. — **Exposé** fidèle de la prétendue réunion à M. Juigné, de M. Corpet et d'une partie du clergé de Saint-Germain-l'Auxerrois. — *S. L. N. D.* (1791), *in-8°*, 41 *p*.

Au sujet de la rétractation de M. Corpet et de cinq autres prêtres de la même paroisse.

671. — **Notes** sur le discours de M. l'abbé Corpel (*sic*), ci-devant vicaire de Saint-Germain-l'Auxerrois, au jour de son installation. Par un de ses confrères. — *Paris, de l'imp. d'un catholique, S. D.* (1791), *in-8°*, 56 *p*.

672. — Chassant. — **Discours** prononcé le 22 mars 1791, dans l'église de Saint-Germain-l'Auxerrois, en présence de messieurs du Bataillon de Saint-Germain, après la messe d'actions de grâces qu'il a fait célébrer pour l'heureux rétablissement de la santé du roi. Par M. Chassant, aumônier du dit bataillon... — *Paris, imp. Vezard et Le Normant*, 1791, *in-8°*, 16 *p*.

— ***Réclamation** motivée. (1792.)

Voyez le n° 454.

673. — **IVe administration** municipale du canton de Paris. Fête de la Jeunesse. Extrait du procès-verbal... Du 10 germinal an V [30 mars 1797]. — *Paris, imp. Lesguillez frères, S. D.* (1797), *in-8°*, 8 *p*.

674. — Huguet. — **IVe administration** municipale du canton de Paris. Fête de la Vieillesse. Discours prononcé par le président... le 10 fructidor an V [27 août 1797]. — *Paris, imp. Lesguillez, S. D.* (1797), *in-8°*, 7 *p*.

675. — Leroy (G.). — **Discours** prononcé dans le temple de la Reconnaissance, le 23 thermidor an VII... jour anniversaire du 10 août, par le président de l'administration municipale du IVe arrondissement... — *Paris, imp. Renaudière, S. D.* (1799), *in-8°*, 4 *p*.

676. — **Fête** à la Tolérance, qui sera célébrée le 15 frimaire an VIII [6 décembre 1799], dans le temple de la Reconnaissance (ci-devant Saint-Germain-l'Auxerrois)... — *Paris, magasin des livres de théophilanthropie, S. D.* (1799), *in-8°*, 4 *p*.

677. — Daujon. — **Discours** prononcé dans le temple de la Reconnaissance, le 10 août de l'an VIII... par le commissaire du Directoire exécutif près l'administration municipale du IVe arrondissement... — *Paris, imp. Renaudière, S. D.* (1800), *in-8°*, 8 *p*.

SAINT-GERMAIN-DES-PRÉS.

678. — **Procès-verbal** de l'assemblée partielle de l'ordre du tiers état de la ville de Paris, tenue à l'ab-

baye Saint-Germain-des-Prés, les 22 et 23 avril 1789... — *S. L. N. D.* (1789), *in*-8°, 24 *p.*

679. — **Bénédiction** des flammes du district de l'abbaye royale de Saint-Germain-des-Prés. — *Paris, imp. C. Simon*, 1789, *in*-8°, 15 *p.*

Discours prononcé par M. Boicervoise, président du district, pour la bénédiction des drapeaux, et allocution de l'abbé Grégoire. (1er novembre 1789.)

680. — Grégoire (l'abbé). — **Discours** prononcé le jour de la Toussaint 1789, en l'église de l'Abbaye de Saint-Germain-des-Prés, pour la bénédiction des quatre flammes de la milice nationale de ce district, par M. Grégoire,... — *Paris, imp. Simon*, 1789, *in*-8°, 8 *p.*

681. — Cassius (l'abbé). — **Sermon** patriotique prêché dans l'église de Saint-Germain-des-Prés, le dimanche de Quasimodo, 11 avril 1790. *Paris, Le Clère*, 1790, *in*-8°, 2 *f. et* 32 *p.*

682. — Poullard (l'abbé). — **Discours** sur le fanatisme religieux, prononcé dans l'église paroissiale de Saint-Germain-des-Prés de Paris. (27 novembre 1791.) — *Paris, Boulard*, 1792, *in*-8°, 1 *f. de tit. et* 37 *p.*

683. — **Liste** générale des personnes mises à mort dans les différentes prisons de Paris, dans la nuit du 2 au 3 septembre 1792. — *Paris, imp. Duplain, S. D.* ( ), *in*-8°.

On sait que la prison de l'Abbaye fut, ainsi que le couvent des Carmes (voyez les nos 529 et 530), le théâtre des massacres terribles de septembre 1792. On ne pourrait qu'effleurer ici la bibliographie de l'histoire de ces événements sur lesquels un grand nombre d'écrits contemporains de ces faits, ou plus récents, ont donné des renseignements précis et saisissants. Je ne veux que rappeler ici le trop court, mais curieux mémoire de Jourgniac-Saint-Méard, que ses nombreuses éditions ont popularisé. La liste entière des ouvrages relatifs aux assassinats commis en 1792 par une tourbe salariée et féroce, aussi bien que la liste des ouvrages relatifs à l'histoire des couvents transformés en prisons, mérite, par l'abondance et l'intérêt des matériaux qu'elle fournit, d'être l'objet d'une étude séparée et approfondie.

SAINT-GERMAIN-LE-VIEUX.

684. — Lambert (l'abbé L.-F.-A.). — **District** Saint-Séverin. Discours prononcé dans l'église Saint-Germain-le-Vieil, en Cité, le 13 juillet 1790, anniversaire de la Révolution, devant le Bataillon assemblé; et le mardi 20 du même mois, en présence du comité civil, du même bataillon, et de MM. les députés des départements au pacte fédératif. Par M. Louis-Ferdinand-Amable Lambert, premier vicaire de la paroisse et aumônier de la garde nationale parisienne. — *Paris, imp. Quillau, S. D.* (1790), *in*-8°, 15 *p.*

685. — Franquet. — « **MM.**, on m'a fait l'honneur, dans le bataillon de Saint-Séverin,... ». — *Paris, imp. G.-A. Rochette*, (31 *janvier* 1791,) *in*-8°, 7 *p.*

A défaut de titre, je reproduis les premiers mots d'une note signée : Franquet, écrite en faveur de la nomination de l'abbé Lambert à la cure de Saint-Germain-le-Vieil.

SAINT-GERVAIS.

686. — **Cahier** d'instruction pour MM. les électeurs nommés par l'assemblée du tiers état, tenue en l'église Saint-Gervais, commencée le 21 avril 1789... — *S. L. N. D.* (1789), *in*-8°, 20 *p.*

687. — **Le nouveau** gâteau des rois, ou le roi de la fève, comédie en un acte et en prose. Mis au théâtre du monde, qui est bien celui des Variétés, par l'auteur des « Sept péchés capitaux », du « Remue-ménage du Paradis », etc., etc. — *Paris, de l'imp. du Mannequin royal, au château du Louvre*, 1790, *in*-8°, 56 *p.*

Pamphlet politique, contenant quelques traits contre les prêtres en général, et en particulier contre le clergé de Saint-Gervais. — Cf. les nos 17 et 19.

688. — **Extrait** des registres de l'assemblée électorale du district de Paris. Discours prononcé par M. Jean-Antoine Chevalier, lors de sa proclamation à la cure de la paroisse de Saint-Gervais, le 20 février 1791. — *S. L. N. D.* (1791), *in*-8°, 7 *p.*

On trouve, page 5, le discours prononcé par le curé de Sainte-Marguerite le jour de sa proclamation.

690. — Leroi (l'abbé). — **Discours** prononcé dans l'église Saint-Gervais... pour le service de M. le ci-devant comte de Mirabeau... — *Paris, imp. n° 13, rue de la Monnaie, S. D.* (1791), *in-8°, 7 p.*

— * **Fuite** précipitée du curé de Saint-Gervais. (1792.)

Voyez le n° 458.

691. — **A.-J. Harger**, expert écrivain vérificateur, membre du bureau académique d'écriture, citoyen de la section des Droits de l'homme, à ses concitoyens. — *Paris, imp. Mayer et Cie, S. D.* (1793), *in-8°, 64 p.*

Justification à propos de billets anonymes répandus dans l'église Saint-Gervais, contre les vicaires assermentés de cette paroisse, en 1792.

692. — **Eloge** funèbre du général Joubert, prononcé à Paris, le 15 vendémiaire an VIII [7 octobre 1799], au temple de la Jeunesse... — *Paris, imp. Bertrand-Quinquet, S. D.* (1799), *in-8°.*

— * **A M. l'archevêque** de Paris. (1802.)

Voyez le n° 467.

SAINT-HIPPOLYTE.

693. — Bruté (l'abbé). — **Lettre** du curé de Saint-Hippolyte à ses paroissiens. (31 janvier 1791.) — *S. L. N. D.* (1791), *in-8°, 4 p.*

Il ne faut pas confondre ce personnage avec l'abbé Bruté qui fut curé de Saint-Benoît, et qui mourut en 1762.

ÉGLISE DES INVALIDES.

— * **Dixième** administration municipale... Fête des Epoux... (29 avril 1797.)

Voyez le n° 986.

694. — **Anniversaire** du 14 juillet, fête de la Concorde. Programme. — *Paris, imp. de la République, messidor an VIII, in-8°, 4 p.*

Signé : Lucien Bonaparte. — L'exemplaire de la Bibliothèque nationale contient deux cartes d'entrée.

695. — Bonaparte (Lucien). — **Discours** prononcé dans le temple de Mars, par Lucien Bonaparte, ministre de l'intérieur, le 25 messidor an VIII [14 juillet 1800], pour la fête du 14 juillet et de la Concorde. — *Paris, imp. de la République, messidor an VIII, in-8°.*

Il y a deux éditions sous la même date, et une troisième avec la date de *vendémiaire an IX*.

696. — **Ministère** de l'intérieur. Fête de la République [du 1er vendémiaire an IX-23 septembre 1800]. Développement du programme arrêté par les consuls le 18 fructidor. — *Paris, imp. de la République, fructidor an VIII, in-4°.*

Signé : Lucien Bonaparte.

697. — Bonaparte (Lucien). — **Discours** prononcé dans le temple de Mars, par L. Bonaparte, ministre de l'intérieur, le 1er vendémiaire an IX [23 septembre 1800], pour la fête de la République. — *Paris, imp. de la République, vendémiaire an IX, in-8°.*

698. — **Ordre** de la marche des cérémonies qui seront observées aujourd'hui et demain. Translation du corps de Turenne et de son armure sur un char, pour être conduits dans le temple de Mars... — *Paris, imp. Renaudière, S. D.* (1800), *in-8°. 4 p.*

699. — **Temple** dédié à la Victoire. Liberté, égalité. Programme de l'ordre et la marche des cérémonies de la fête de la République, qui se feront le 5e jour complémentaire et 1er vendémiaire [22-23 septembre 1800], par arrêté des consuls... Honneur et translation du corps de Turenne, avec son armure, sur un char de triomphe, traîné par 4 chevaux blancs, pour être conduit dans le temple de Mars... Autres détails... — *Paris, Dumaka, S. D.* (1800), *in-4°, 4 p.*

Translation du corps de Turenne du Musée des Monuments français aux Invalides.

SÉMINAIRE DES IRLANDAIS.

700. — **Détail** exact de la grande révolution arrivée au séminaire Irlandais, rue du Cheval Vert, à l'Estrapade, faux-bourg Saint-Marceau, où

27 bigotes contre-révolutionnaires ont été fouettées par la sainte colère du peuple, ainsi que le supérieur du séminaire, avec la liste des noms et qualités de toutes (*sic*) les culs fouettées (*sic*). — *Paris, imp. Labarre, S. D.* (1791), *in*-8°, 8 *p.*

JACOBINS.

701. — Beauchet, *garde national.* — **Discours** prononcé dans l'église des Jacobins-Saint-Dominique, le 27 février 1790, et dans l'église de l'Hôtel royal des Invalides, le 1er mars suivant, à l'occasion du serment civique qu'ont prêté MM. les officiers et soldats retirés au dit hôtel. — *Paris, imp. Pellier*, 1790, *in*-8°, 18 *p.*

702. — Millin (A.-L.). — **Les Jacobins** de la rue Saint-Honoré. — (1790), *in*-4°, 69 *p.*, 7 *pl.*

Antiq. nat., tome I.

703. — Millin (A.-L.). — **Les Jacobins** de la rue Saint-Jacques. — (1792), *in*-4°, 94 *p.*, 11 *pl.*

Antiq. nat., tome IV.

704. Delecloy, *député de la Somme à la Convention.* — **Rapport** et projet de décret présentés au nom du comité de sûreté générale le 28 floréal an III [17 mai 1795]. — *Paris, Imp. nationale, floréal an III, in*-8°, 8 *p.*

Pour l'établissement d'un marché sur l'emplacement des Jacobins-Saint-Honoré.

SAINT-JACQUES-DE-L'HOPITAL.

705. — **Dénonciation** à l'Assemblée nationale par les administrateurs de l'église et hôpital Saint-Jacques de Paris, d'un arrêt rendu au conseil des dépêches, le 11 mai 1790... — *Paris, J.-B. Hérault*, 1790, *in*-4°, 64 *p.*

Signé : Ory, Rivet, Guénot, Barrot, (administrateurs de la confrérie des pèlerins de Saint-Jacques). — Contient de curieux détails sur l'hôpital Saint-Jacques et sa fondation.

SAINT-JACQUES-LA-BOUCHERIE.

706. — Fauchet (l'abbé). — **Discours** sur la liberté française prononcé le mercredi 5 août 1789 dans l'église paroissiale de Saint-Jacques et des Saints-Innocents, durant une solemnité consacrée à la mémoire des citoyens qui sont morts à la prise de la Bastille, pour la défense de la patrie. — *Paris, Bailly*,... 1789, *in*-8°, 16 *p.*

— * **Le clergé** à tous les diables. (1789.)

Voyez le n° 37.

707. — Behenam (l'abbé Joseph), *prêtre chaldéen.* — **Discours** prononcé dans l'église de Saint-Jacques et des Saints-Innocents, le dimanche 16 janvier 1791, à la prestation du serment des ecclésiastiques, en présence de la députation du Conseil général de la commune. — *S. L. N. D.* (1791), *in*-8°.

— * **Réclamation** motivée. (1792.)

Voyez le n° 454.

— * **Dispute** du diable entre M. Dimanche. (1797.)

Voyez le n° 373.

FRÈRES DE SAINT-JEAN-DE-DIEU.

708. — **Adresse** à l'Assemblée nationale, par le supérieur général de l'ordre de la Charité. — *S. L. N. D.* (1790), *in*-8°, 4 *p.*

Signé : F. Clément Yves. — Cet ordre est plus connu sous le nom de *Saint-Jean-de-Dieu.*

709. — **Observations** sur l'ordre hospitalier de Saint-Jean-de-Dieu, dit en France, de la Charité. — *S. L. N. D.* (1790), *in*-8°.

SAINT-JEAN-EN-GRÈVE.

— * **Fuite** précipitée du curé de Saint-Jean-en-Grève. (1792.)

Voyez le n° 458.

710. — **Hommage** historique à la mémoire du vénérable Marc-Louis Royer, curé de Saint-Jean-en-Grève, à Paris, et l'un des martyrs du 2 septembre 1792. — *Paris, chez les principaux libraires*, 1796, *in*-12.

Extrait en partie des « Annales catholiques » rédigées par l'abbé Sicard.

SAINT-JEAN-DE-LATRAN.

711. — Basse (l'abbé). — **Dis-**

cours prononcé par M. l'abbé Basse, vicaire de Saint-Jean-de-Latran, devant MM. les commissaires de la municipalité, et une assemblée brillante et nombreuse, le jour de la prestation du serment civique des fonctionnaires publics de cette paroisse. — *Paris, imp. Ballard*, 1791, *in-8°*, 16 *p.*

SAINT-JEAN-SAINT-FRANÇOIS.

(Voyez CAPUCINS, et aussi SAINT-FRANÇOIS D'ASSISE.

SAINT-JULIEN-DES-MÉNÉTRIERS.

712. — MILLIN (A.-L.). — **Chapelle** Saint-Julien-des-Ménestriers. — (1792), *in-4°*, 18 *p.*, 2 *pl.*

Antiq. nat., tome IV.

SAINT-LANDRY.

— * **Instruction** sur la constitution civile du clergé. (Par F. Gérard, curé de Saint-Landry.)

Voyez le n° 155.

713. — MILLIN (A.-L.). — **Eglise** Saint-Landry. — (1799), *in-4°*, 16 *p.*, 1 *pl.*

Antiq. nat., tome V.

SAINT-LAURENT.

714. — JUMEL (l'abbé). — **Discours** prononcé à la bénédiction des drapeaux du district de Saint-Lazare, le 5 novembre 1789, dans l'église... de Saint-Laurent. — *Paris, au bureau du district*, 1789, *in-8°*, 1 *f. de tit.*, *et* 25 *p.*

Cf. n° 737.

715. — **Profession** de foi de Charles-Alexandre de Moy... rédigée en forme de catéchisme, et suivie d'un entretien d'un paroissien de Saint-Laurent avec M. le curé, pour servir d'explication. Avec approbation. A l'usage de l'Église constitutionnelle de France. — *Paris, Crapart*, 1792, *in-8°*, 60 *p.*

716. — MOY (Ch.-Alex. de). — **Accord** de la religion et des cultes chez une nation libre... — *Paris, au presbytère de Saint-Laurent, an IV de la liberté* (1792), *in-8°*, 1 *f. de tit.*, *et* 144 *p.*

Il y a une seconde édition sous la même date (1 f. de tit. et 110 p., in-8°).

717. — **Lettre** à M. Gobel, métropolitain de l'église constitutionnelle de Paris, sur un ouvrage intitulé : L'« Accord de la religion et des cultes chez une nation libre, par Ch.-Alex. de Moy », curé jureur de Saint-Laurent de la ville de Paris, député suppléant à l'Assemblée nationale... — *Paris, Guerbart, S. D.* (1792), *in-8°*, 20 *p.*

Contre l'Église constitutionnelle. — Extrait du n° XVII du journal « Les loisirs d'un curé déplacé, ou les actes de l'Église constitutionnelle ».

718. — **Epître dédicatoire** à M. l'évêque et MM. les curés constitutionnels de Paris, et à MM. les paroissiens de Saint-Laurent, à Paris ; pour servir de préface ou d'introduction à un ouvrage intitulé : « Accord de la religion avec tous les cultes chez une nation libre », composé par M. l'abbé de Moy, curé de Saint-Laurent, député suppléant à l'Assemblée législative, ou du moins publié sous son nom, l'an quatre de la liberté, et mis en vente dans son presbytère. (16 février 1792.) — *S. L. N. D.* (*Paris*, 1792), *in-8°*, 24 *p.*

719. — **Lettre** d'un vicaire de Paris à Charles-Alexandre de Moy, ou Réflexions sur sa brochure intitulée : « De l'accord de la religion avec les cultes ». — *Paris, Crapart, S. D.* (1792), *in-8°*, 47 *p.*

720. — DUFFAY (Jean), *vicaire de Saint-Germain-des-Prés.* — **Réfutation** du libelle de M. de Moy, curé de Saint-Laurent de Paris, intitulé : « Accord de la religion... » — *Paris, chez l'auteur*, 1792, *in-8°*, VIII-80 *p.*

721. — **Des fêtes**, ou Quelques idées d'un citoyen français relativement aux fêtes publiques et à un culte national. — *Paris, Garnery, an VII* (1799), *in-8°*, 160 *p.*

Par Ch.-Alex. de Moy, précédemment curé de Saint-Laurent.

722. — THIÉBAULT (J.-P.). — **Inauguration** d'un temple à la Raison en la ci-devant église Saint-Laurent, à Paris. Discours prononcé... le 30 brumaire an II [20 novembre 1793]. — *Paris, imp. Limodin, S. D.* (1793), *in*-8°, 14 *p.*

Ce personnage se qualifie : « Employé aux contributions publiques, secrétaire de l'assemblée générale de la section du faubourg du Nord, membre du comité révolutionnaire ».

723. — **Fête** de la Reconnaissance. — *S. L. N. D.* (1798), *in*-8°, 15 *p.*

Le titre de départ, page 3, porte : « Discours prononcé le décadi prairial de l'an VI [29 mai 1798], à la fête de la Reconnaissance, par le citoyen François Tobie, commissaire du Directoire exécutif près l'administration municipale du cinquième arrondissement ».

724. — **Administration** municipale du Ve arrondissement... Discours prononcé par le président... à la fête de la Reconnaissance, le 10 prairial an VI [29 mai 1798]. — *S. L. N. D.*, *in*-8°, 3 *p.*

725. — **Département** de la Seine. Canton de Paris. Ve arrondissement. Procès-verbal de la fête de la Vieillesse... (27 août 1798.) — *S. L. N. D.* (1798), *in*-8°.

726. — **Fête** de la Vieillesse. — *Paris, an VI de la République, in*-8°, 32 *p.*

5e arrondissement. Fructidor an VI (septembre 1798). — Contient un discours du président (Guébert), une pièce de vers du citoyen Verron, etc.

727. — GUEBERT. — **Discours** du citoyen Guebert, président de l'administration municipale du Ve arrondissement..., à la fête décadaire du 10 vendémiaire an VII [1er octobre 1798], à laquelle on a célébré douze mariages. — *S. L. N. D.* (1798), *in*-8°, 10 *p.*

728. — **Fête** de la Jeunesse [célébrée par l'administration municipale du Ve arrondissement, le 10 germinal an VII-30 mars 1799]. — *Paris, imp. Delance, S. D.* (1799), *in*-8°, 11 *p.*

Le titre de départ, page 3, en outre des mots qui sont ci-dessus entre crochets, porte en plus : « Scène. Paroles du citoyen Guy; musique du citoyen Kalbrener ». Après cette scène dialoguée, on trouve des « Couplets chantés par les élèves du Musée d'émulation ».

729. — **Discours** prononcé à la cérémonie décadaire du 20 prairial an VII [8 juin 1799], par le président de l'administration municipale du Ve arrondissement... au moment de procéder à l'exécution des articles IV et V de la loi du 22 floréal précédent [11 mai 1799]. — *Paris, imp. Brosselard, S. D.* (1799), *in*-8°, 7 *p.*

730. — **Fête** de l'Agriculture. Canton de Paris. Ve arrondissement. 10 messidor an VII [28 juin 1799]... — *Paris, imp. Delance, S. D.* (1799), *in*-16, 15 *p.*

Discours du président.

731. — **Discours** prononcé par le président de l'administration municipale du Ve arrondissement du canton de Paris, à la fête du 9 thermidor an VII [27 juillet 1799]. — *Paris, imp. Brosselard, S. D.* (1799), *in*-8°, 12 *p.*

732. — **Fête** du 10 août... Canton de Paris. Ve arrondissement. 23 thermidor an VII... (Discours du président.) — *Paris, imp. Delance, S. D.* (1799), *in*-8°, 13 *p.*

Discours du président.

733. — **Fête** de la Vieillesse... Canton de Paris. Ve arrondissement. 10 fructidor an VII [27 août 1799]... — *Paris, imp. Pelletié, S. D.* (1799), *in*-8°, 13 *p.*

Discours du président.

734. — **Liberté, égalité.** Discours pour l'anniversaire de la fondation de la République, célébré au temple de la Vieillesse; prononcé par le président le 1er vendémiaire an VIII [23 septembre 1799]..., Ve arrondissement. — *Paris, imp. Pelletié, an VIII, in*-8°, 11 *p.*

SAINT-LAZARE.

(Voir aussi MISSIONS.)

735. — LAMOURETTE (l'abbé). — **Désastre** de la maison de Saint-

Lazare. A M. le comte de T... (30 août 1789.) — *Paris, Mérigot le jeune,* 1789, *in*-8°, 34 *p.*

Relation du pillage du couvent de Saint-Lazare dans l'après-midi du 12 juillet 1789. — Il existe une autre édition, *S. L. N. D.* (1789), 32 *p. in*-8°. — Dans les deux éditions, le nom de l'auteur n'est qu'à la dernière page du volume.

736. — **Remarques** sur la motion faite au district Saint-Laurent, relativement à la maison de Saint-Lazare. — *Paris, imp. Cailleau,* 1789, *in*-8°.

737. — Jumel (l'abbé). — **Eloge** de l'Assemblée nationale; discours prononcé le 19 juillet au *Te Deum* chanté dans l'église de Saint-Lazare, pour l'anniversaire de la Révolution... — *Paris, au bureau du comité de la section,* 1790, *in*-8°, 31 *p.*

Cet abbé, aumônier du bataillon de Saint-Lazare, est aussi l'auteur d'un discours sur la bénédiction des drapeaux. V. le n° 714.

SAINT-LEU.

— * **Essai** sur la réforme du clergé. (1789.)

Voyez le n° 52.

SAINT-LOUIS.

738. — **Cahier** d'instructions de l'assemblée partielle de la noblesse du 9e département de la ville de Paris, séante à Saint-Louis, rue Saint-Antoine; remis à MM. de Faronville, Pinon, de Vouges de Chanteclair... tous électeurs librement choisis au scrutin pour les représenter à l'assemblée générale indiquée à l'archevêché pour le 23 avril 1789. — *S. L.,* 1789, *in*-8°, 15 *p.*

SAINT-LOUIS D'ANTIN.

(Voyez Capucins.)

LA MADELEINE.

739. — Audrein (l'abbé Yv.-Mar.) — **Discours** patriotique prononcé à l'occasion d'un *Te Deum* chanté en action de grâces des succès des armées de la République française, dans l'église paroissiale de la Madeleine-la-Ville-l'Evêque, le 4 novembre 1792, par le citoyen Audrein, député du département du Morbihan à la Convention nationale. — *Paris, Le Clère,* 1792, *in*-8°, 15 *p.*

740. — Kersaint (Guy de). — **Discours** sur les monuments publics, prononcé au Conseil du département de Paris... — *Paris, imp. Didot,* 1792, *in*-4°, 80 *p.*, 12 *pl.*

Un long passage de cet ouvrage est consacré au projet de transformer l'église de la Madeleine en un palais pour l'Assemblée nationale.

741. — Davy de Chavigné (F.-A.). — **Temple** de la Concorde, monument projeté sur les constructions de l'église de la Madeleine en face de la place de la Concorde, à Paris, en mémoire de la pacification générale de l'Europe par le traité d'Amiens, et du rétablissement de la religion catholique en France par le concordat; lu en séance particulière de la Société libre des sciences, lettres et arts de Paris,... le 9 floréal an X [29 avril 1802]. — *Paris, imp. Le Normant, S. D.* (1802), *in*-8°, 24 *p.*

Pour être bien complet, l'exemplaire doit contenir, en outre des 24 pages indiquées, 6 autres pages avec pagination à part et 3 planches. On lit à la fin : « Extrait des Annales du Musée, 3e année, 4e volume. Planches 60, 63 et 68 ».

LA MADELEINE-EN-LA-CITÉ.

742. — Denoux. — **A nosseigneurs** les députés aux états généraux, par messire Denoux, premier archiprêtre, curé de la Madeleine, en la Cité... Distribué dès les premiers jours de 1789; avec un supplément du même auteur. — *Paris,* 1791, *in*-8°.

Requête au sujet de la division de Paris en paroisses. — Pièce citée par Cocheris dans son édition de Lebeuf, tome II, p. 530.

SAINT-MARCEL.

743. — « **MM.**, le comité provisoire du district de Saint-Marcel a l'honneur de vous prévenir... » — *S. L. N. D.* (1789), *feuillet in*-4°.

Lettre d'invitation au service célébré e 29 juillet 1789.

744. — Phelippes (l'abbé). — **Discours** prononcé par M. l'abbé Phelippes, conseiller au parlement de Pa-

ris et doyen de Saint-Marcel, lors de la bénédiction qu'il a faite du drapeau de la garde nationale du district de Saint-Marcel, le 20 août 1789. — *Paris, Knappen fils*, 1789, *in-8°*, 8 *p*.

Très curieux, et rempli de personnalités. L'orateur parle, par exemple, de Mme de La Fayette qui assistait à cette cérémonie avec son fils, et qui y a fait la quête. — Une note ms. dans l'ex. de la Bibl. nat. porte : « Composé par M. Molé, avocat au Parlement, qui me l'a donné le 9 septembre 1789 ». Il paraît que, dans les grandes occasions, le doyen de Saint-Marcel se défiait de son talent.

745. — Mulot (l'abbé). — **Oraison** funèbre des braves guerriers morts le 11 juin 1792 pour la cause de la liberté, prononcée dans l'église paroissiale de Saint-Marcel, en présence de la section des Gobelins, le 3 juillet 1792, par Fr.-Val. Mulot... — *Paris, imp. de C.-F. Cagnion, l'an IVe de la liberté* [1792], *in-8°*, 16 *p*.

SAINTE-MARGUERITE.

746. — **Grand trait** d'humanité des braves vainqueurs de la Bastille, à l'occasion de la mort d'un de leurs camarades, à qui le curé de Sainte-Marguerite refusait une bière pour l'enterrer; et détail des cérémonies de son enterrement... — *S. L. N. D.* (1789), *in-8°*, 8 *p*.

747. — Fauchet (l'abbé). — **Second discours** sur la liberté française, prononcé le 31 août 1789, dans l'église paroissiale de Sainte-Marguerite, en présence des trois districts réunis du faubourg Saint-Antoine. — *Paris, Bailly*, 1789, *in-8°*, 22 *p*.

—* **Extrait** des registres... Discours prononcé par M. Le Maire lors de sa proclamation à la cure de Sainte-Marguerite, le 20 février 1791...

Voyez le n° 688.

748. — Sima. — **Eloge** funèbre d'Honoré Riquetti, ci-devant comte de Mirabeau, fait et prononcé par Sima l'aîné, au premier service que les ouvriers des travaux publics... ont fait faire à la paroisse Sainte-Marguerite... le 8 avril 1791. — *Paris, Vve d'Houry, S. D.* (1791), *in-8°*, 7 *p*.

749. — Aubert. — **Discours** de M. Aubert, premier vicaire de Sainte-Marguerite, prononcé le 28 juin, l'an IVe de la liberté, dans la section de la rue de Montreuil... au sujet d'une adresse à M. l'évêque de Paris, signée du curé de Sainte-Marguerite... contre son mariage; suivi de l'arrêt pris le même jour. Imprimé par ordre de la section. — *Paris, imp. de Vve Hérissant*, 1792, *in-8°*, 16 *p*.

Au sujet de son mariage. Voyez la pièce suivante.

750. — **Le nouveau** disciple de Luther, ou le prêtre Aubert, convaincu par les lois d'être un concubinaire publiquement scandaleux, et, comme tel, digne d'être condamné à la pénitence canonique. — *S. L. N. D.* (1792), *in-8°*, 28 *p*.

Très curieux. Ce prétendu mariage de l'abbé Aubert fut célébré (!) par un sacristain, en présence de P. Manuel et de Bodin, vicaire métropolitain de Gobel, en l'église Sainte-Marguerite. — Par P. Brugière, d'après Quérard.

751. — Mithois. — **Discours** prononcé au faubourg Antoine, dans le temple de la Liberté, le 1er vendémiaire an VI [22 septembre 1797]... — *Paris, imp. Lamberté, S. D.* (1797), *in-8°*, 12 *p*.

Ce discours est particulièrement intéressant : l'orateur passe en revue les événements politiques les plus récents.

752. — Bénard. — **Discours** prononcé par le... président de l'administration municipale du VIIIe arrondissement... le 10 prairial an VI [29 mai 1798], pour la fête de la Reconnaissance. — *Paris, imprimerie à prix fixe, S. D.* (1798), *in-8°*, 15 *p*.

753. — Bénard. — **Fête** de la Jeunesse, an VII. Discours prononcé par le... président de l'administration municipale du 8e arrondissement. (10 germinal an VII [30 mars 1799].) — *Paris, imp. D. Dupré, S. D.* (1799), *in-8°*, 15 *p*.

754. — Fleurizelle. — **Fête** de la

Reconnaissance, an VII. — *Paris, imp. Dupré, S. D.* (1799) *in-8°*, 15 *p.*

Le titre de départ, page 5, porte : « Discours prononcé par le citoyen Fleurizelle, président de l'administration municipale du 8e arrondissement, le 10 prairial an VII » [29 mai 1799].

SAINTE-MARIE-L'ÉGYPTIENNE.

755. — LEFÈVRE (l'abbé G.-L.) — **Adresse** à l'Assemblée nationale. — *S. L. N. D.* (1790), *in-4°*, 4 *p.*

Pour obtenir la jouissance des revenus de la chapelle de Sainte-Marie-Egyptienne, dite de la Jussienne.

SAINT-MARTIN-DES-CHAMPS.

756. — JALLIER DE SAVAULT, *architecte.* — **Motion** faite... à l'ouverture de l'assemblée du tiers état convoquée à Saint-Martin-des-Champs, le 21 avril 1789... — *S. L.* (1789), *in-8°*, 8 *p.*

757. — **Lettre** des religieux de Saint-Martin-des-Champs, à Paris, à l'Assemblée nationale. (29 septembre.) — *Paris, Baudoin*, 1789, *in-8°*, 5 *p.*

Don patriotique. — Il y a une autre édition, *Versailles, S. D., in-8°.*

758. — **Lettre** aux jeunes religieux de Saint-Martin-des-Champs. — *S. L. N. D.* (*octobre* 1789), *in-8°*, 8 *p.*

Signée : Frère N. N.

759. — PLAICHARD. — **Rapport** à la Convention nationale (le 30 floréal an III [19 mai 1795]) au nom des comités réunis d'instruction publique et des finances, sur la question de savoir s'il est utile ou non de conserver l'institut des jeunes français établi dans le ci-devant prieuré Martin, sous la direction de Léonard Bourdon. — *Paris, Imp. nat., S. D.* (1795), *in-8°.*

MATHURINS.

760. — **Cahier** de l'assemblée partielle du tiers état de la ville de Paris, séante en l'église des Mathurins... suivi du procès-verbal de ladite assemblée. — *S. L. N. D.* (1789), *in-8°*, 28 *p.*

761. — BAUDART (le P.) — **Discours** sur la restauration de la liberté française, prononcé le jeudi 24 septembre 1789, dans l'église des Mathurins, en présence de ce district, pendant la bénédiction solennelle de ses drapeaux, par M. Baudart.... — *Paris, imp. de Vve Valade*, 1789, *in-8°*, 1 *f. de tit., et* 16 *p.*

762. — MILLIN (A.-L.) — **Eglise** des Mathurins — (1791), *in-4°*, 37 *p.*, 3 *pl.*

Antiq. nat., tome III.

SAINT-MÉDARD.

763. — **Paroisse** Saint-Médard de Paris. Prestation de serment par le clergé de cette paroisse, le dimanche 9 janvier 1791. — *Paris, imp. Cailleau, S. D.* (1791), *in-4°*, 4 *p.*

Discours de M. Dubois, curé, qui donne à son clergé l'exemple de la *soumission* à la loi.

763 *bis.* — DERUBIGNY-BERTEVAL (Jean-Antoine). — **Appel** à la religion catholique, par Derubigny-Berteval, tanneur de Paris, ancienne victime des comités révolutionnaires, après l'avoir été du despotisme ministériel ; premier restaurateur du culte catholique dans l'église paroissiale de Saint-Médard de Paris, où il avait été anciennement administrateur des pauvres. — *Paris, imp. Dupont, S. D.* (*vers* 1796?) *in-8°*, 23 *p.*

Cf. *La Littérature française contemporaine*, II, 222, et *La France littéraire*, VIII, 275. — Sur le titre d'une autre brochure intitulée : « Observations... sur l'abus et les devoirs des représentants du peuple », ce personnage se qualifie : « tanneur à Paris, rue Censier, près Saint-Médard, faubourg Saint-Marcel, ancien prisonnier de la Bastille et du Luxembourg, etc., (*sic*), pour avoir fait, au nom du peuple souverain, l'ouverture de la première église, Médard, à Paris, pour le rétablissement du culte décrété libre, et réclamé par les cahiers aux états généraux ». Cette brochure (*impr. Cailleau*, in-8°, 203 p.) est *sans date*, mais probablement postérieure à celle citée ci-dessus, et peut-être de 1799 (?).

Rubigny (ou De Rubigny) énumère ainsi ses titres, avec plus ou moins de variantes, dans ses autres écrits qui sont nombreux, et que Quérard, non plus que ses continuateurs, n'ont pas tous cités. Ils ont, en général, un caractère purement politique et ne se rattachent pas directement à notre sujet. — Ce personnage, né en 1732, est mort à Paris en 1811 : s'il n'était pas, il faut le reconnaître, un type très secondaire dans l'histoire de la Révolution, il serait curieux de rechercher les faits qui le concernent : cette étude mettrait en lumière les contradictions les plus inattendues. C'est ainsi qu'on le verrait, dès le commencement de la Révolution, tâcher d'occuper le public de sa mince personnalité. Au lendemain de la prise de la Bastille, le futur « restaurateur du culte catholique dans l'église de Saint-Médard » fait retentir Paris de ses aspirations républicaines : Palloy, le célèbre patriote Palloy, était l'homme qui lui convenait; l'un et l'autre étaient faits pour se comprendre : Rubigny écrivit au *Patriote* pour lui demander de participer à une fête que celui-ci organisait. Il lui fallait, disait-il, une place dans le cortège, avec des insignes qui le fissent remarquer. Cette lettre, pleine d'une emphase qui a dû toucher le cœur de Palloy, a été publiée par M. V. Fournel dans la curieuse et amusante étude qu'il a consacrée, dans le *Correspondant*, à l'exploiteur en chef des ruines de la Bastille. (Voyez le n° du *Correspondant* du 10 juillet 1879, p. 154.)

SAINT-MERRI.

764. — MOUFLE (l'abbé). — **Lettre** de M. l'abbé Moufle, 1er vicaire de Saint-Méry, à M. le curé de Saint-Méry, en lui envoyant la rétractation de son serment prêté le 9 janvier 1791. (9 décembre 1791.) *Paris, imp. Crapart,* 1791, *in*-8°, 8 *p.*

765. — MOUFLE (l'abbé) — **Lettre**... aux paroissiens de cette église; ou Réflexions sur sa rétractation. (Du lieu de ma retraite, le 20 décembre 1791.) — *Paris, Dufresne, S. D., in*-8°, 32 *p.*

766. — BLONDEL. — **Discours** prononcé par le président de la septième administration municipale du canton de Paris à la fête des Epoux, le 10 floréal an V [29 avril 1797]. — *Paris, imp. bibliographique, S. D.* (1797), *in*-4°.

767. — MILLY. — **Discours** et réquisitoire du citoyen Milly, commissaire du pouvoir exécutif près l'administration municipale du VIIe arrondissement de Paris, prononcés à la fête des Epoux, le 10 floréal an V [29 avril 1797]. — *Paris, imp. bibliographique, S. D.* (1797), *in*-8°, 10 *p.*

768. — FOURNIER. — **Discours** prononcé le 30 ventôse an VI [20 mars 1798], par le président de l'administration municipale du VIIe arrondissement, à la fête de la Souveraineté du peuple. — *S. L. N. D.* (1798), *in*-8°, 5 *p.*

769. — FOURNIER. — **Discours** pour la fête de la Jeunesse, prononcé par le président de l'administration municipale du VIIe arrondissement... le 10 germinal an VI [30 mars 1798]. — *Paris, imp. Desveux, S. D.* (1798), *in*-8°, 4 *p.*

770. — CHAPPE (J.-G.-G.) — **Discours** pour la fête des Epoux, prononcé par le président de l'administration municipale du VIIe arrondissement....., le 10 floréal an VI [29 avril 1798]. — *Paris, imp. Desveux, S. D.* (1798), *in*-8°, 7 *p.*

771. — BOUCHESEICHE (J.-B.) — **Discours** du citoyen J.-B. Boucheseiche, commissaire du pouvoir exécutif près l'administration municipale du VIIe arrondissement... prononcé à la fête des Epoux, le 10 floréal an VI [29 avril 1798]. — *Paris, imp. Desveux, S. D.* (1798), *in*-8°, 7 *p.*

772. — **Administration** municipale du VIIe arrondissement du canton de Paris. Discours prononcé par l'un des époux à la fête républicaine du 10 floréal an VI [29 avril 1798]. — *Paris, imp. Desveux, S. D.* (1798), *in*-8°, 14 *p.*

Suivi de la Réponse du président (Chappe).

773. — CHAPPE. — **Discours**... à la fête de la Reconnaissance, le 10 prairial an VI [29 mai 1798]... — *Paris, imp. Desveux, S. D.* (1798), *in*-8°, 7 *p.*

774. — **Administration** municipale du VIIe arrondissement du canton de Paris. Fête des Vieillards, célébrée le 10 fructidor an VI [27 août 1798]. — *Paris, imp. Desveux, S. D.* (1798), *in*-8°, 16 *p.*

Discours du commissaire du Directoire exécutif (Chappe); discours du président (Guyet); discours prononcé par une citoyenne et réponse du président.

775. — CHAPPE. — **Discours** et réquisitoires du citoyen Chappe, commissaire du pouvoir exécutif près l'administration du VIIe arrondissement du canton de Paris, prononcés à la plantation des arbres de la Liberté et le

jour de la fête de la Souveraineté du peuple, le 30 ventôse an VII [20 mars 1799]... — Discours du C. JEANNEL,... — *Paris, imp. Desveux, S. D.* (1799), *in*-8°, 24 *p.*

776. — CHAPPE. — **Discours** et réquisitoire du citoyen Chappe,... prononcés à la célébration de la fête de la Jeunesse, au temple du Commerce, le 10 germinal an VII [30 mars 1799]... — Discours du C. JEANNEL... — *Paris, imp. Desveux, S. D.* (1799), *in*-8°, 16 *p.*

777. — CHAPPE. — **Discours**..... prononcé à la célébration de la fête des Epoux, au temple du Commerce, le 10 floréal an VII [29 avril 1799]. — *Paris, imp. Desveux, S. D.* (1799), *in*-8°, 12 *p.*

Après le discours du commissaire du pouvoir exécutif, le président (Jeannel) s'adresse aux futurs époux, avant la prononciation de leur mariage : « Citoyens et citoyennes, de toutes les missions confiées à vos magistrats, celle de sanctionner l'union sacrée que vous vous êtes promis (*sic*), est pour eux une entière satisfaction, en ce qu'elle lui (*sic*) présente le tableau riant de votre bonheur, et que ce bonheur enrichira la République des fruits de vos amours, qui, par vous soignés et élevés dans les principes républicains, seront les plus fermes soutiens du gouvernement. Vive la République ! »

MINIMES.

778. — **Extrait** du procès-verbal de l'assemblée de la noblesse de Paris, formant le dixième département, aux Minimes de la place Royale. — *Paris, imp. de Vve Delaguette, S. D.* (1789), *in*-8°, 1 *f. et* 23 *p.*

779. — « **MM.**, vous êtes priés d'assister... » — *S. L. N. D.* (1789), *feuillet in*-4°.

Invitation du district des Minimes à la bénédiction des drapeaux de la garde nationale.

780. — **Précis** par un Minime du couvent de la place Royale. 1790. L'ordre des Minimes n'est pas un ordre mendiant. — *Paris, imp. Buisson et Chaudé*, 1790, *in*-8°.

781. — **Observations** des religieux Minimes à MM. les députés de l'Assemblée nationale. — *Paris, imp. Hérault, S. D.* (1790), *in*-8°, 4 *p.*

MISSIONS.

(Voir aussi SAINT-LAZARE.)

782. — **Observations** sur l'établissement des Missions étrangères, adressés à l'Assemblée nationale. — *Paris, Crapart, S. D.* (1790), *in*-8°.

783. — **Pétition** individuelle à l'Assemblée nationale, pour les frères co-adjuteurs de la congrégation de la Mission, dite de Saint-Lazare. — *Paris, imp. Tremblay, S. D.* (1792), *in*-8°, 4 *p.*

MONTMARTRE.

784. — **La chemise** levée, ou Visites faites à l'abbaye de Montmartre, dans plusieurs maisons religieuses, etc.; avec une idée sur la nécessité d'une prochaine suppression des monastères, si l'on veut extirper le despotisme. — *S. L. N. D.*, (1789), *in*-8°, 8 *p.*

Ce pamphlet aurait été publié le 30 août 1789, d'après une note manuscrite ancienne. Contre les abbayes de femmes en général.

785. — **Mariage** de M. l'abbé Maury avec l'abbesse de Montmartre, et détail de la fête qui doit être donnée à ce sujet. — *De l'imprimerie de Montmartre*, 1790, *in*-8°, 8 *p.*

SAINT-NICOLAS-DES-CHAMPS.

786. — **Cahier** de l'Assemblée partielle du tiers état de la ville de Paris, séante en l'église de Saint-Nicolas-des-Champs. (21 avril 1789.) — *S. L. N. D.* (1789), *in*-8°, 20 *p.*

787. — BERTOLIO (l'abbé). — **Discours** prononcé le 20 août 1789, dans l'église de Saint-Nicolas-des-Champs, pendant la pompe funèbre que ce district a célébré en l'honneur des victimes et des martyrs de la liberté publique. — *Paris, veuve Valade*, 1789, *in*-8°, 18 *p.*

788. — LEBOIS. — **Aventure** arrivée au curé de Saint-Nicolas-des-Champs, au sujet d'un chantre de sa paroisse. — *Paris, imp. Momoro, S. D.* (1789), *in*-8°, 8 *p.*

— * Le clergé à tous les diables. (1789.)

Voyez le n° 37.

789. — Lamy. — **Fête de la Reconnaissance.** Discours prononcé par le... président de l'administration municipale du VIe arrondissement. — *Paris, imp. L'Epinard, S. D.* (1798), *in*-8°, 8 *p.*

Fête du 10 prairial an VI [29 mai 1798].

790. — **Egalité**, liberté. Municipalité du VIe arrondissement. Célébration de la fête du 10 août, dans le temple de l'Hymen. — *Paris, Lamberté, S. D.* (1799), *in*-8°, 16 *p.*

SAINT-NICOLAS-DU-CHARDONNET.

791. — **Fête** funèbre célébrée par les districts et commune de Saint-Nicolas-du-Chardonnet, le 8 août 1789, en l'honneur des braves citoyens qui sont morts pour la défense de la liberté. — *S. L. N. D.* (1789), *in*-8°.

792. — Saint-Martin (l'abbé de). **Discours** prononcé pendant une cérémonie funèbre consacrée à la mémoire des citoyens morts pour le salut de la patrie, le samedi 8 août 1789, en présence de la commune et district de Saint-Nicolas-du-Chardonnet, le 18..., le 19..., par M. l'abbé de Saint-Martin, conseiller au Châtelet, président du district de Saint-Nicolas-du-Chardonnet.... [se vend] au profit des pauvres du district... — *Paris, Guillot*, 1789, *in*-8°, 22 *et* 22 *p.*

La première partie contient le Discours; la seconde, le Détail de la fête funèbre.

793. — Mulot (l'abbé). — **Discours** sur la liberté prononcé à l'occasion de la cérémonie de la bénédiction des drapeaux du district de Saint-Nicolas-du-Chardonnet... le mercredi 2 septembre 1789, pat M. Mulot... Imprimé sur la demande du district. — *Paris, Moutard*, 1789, *in*-8°.

794. — Lessore. — **Discours** prononcé au nom du district de Saint-Nicolas-du-Chardonnet, à l'Assemblée nationale. Du 1er juin soir. — *Paris, Baudouin, S. D.* (1792), *in*-8°, 3 *p.*

Au sujet de la rétractation du curé de la paroisse, l'abbé Gros, qui s'était d'abord montré hostile aux idées constitutionnelles et qui venait de s'y rallier.

NOTRE-DAME.

795. — **Sancti** Christophori Parisiensis elegia. — *S. L. N. D.* (*Parisiis*, 1784), *in*-8°, 12 *p.*

Pièce de vers intéressante relative à la statue colossale de saint Christophe qui se trouvait à Notre-Dame. Barbier l'attribue à l'abbé J.-A. Guyot.

Sur les statues colossales de saint Christophe, dont on avait l'habitude d'orner les églises, voyez un Mémoire de l'abbé A. Mignot dans le Journal de Verdun, 1768, août, p. 119, et un article, court mais intéressant, dans le *Journal de Paris* du 15 août 1783 (n° 227), où l'on donne quelques particularités sur la statue qui était à Notre-Dame.

796. — Du Morier. — **Projet** de cahiers, lu au district assemblé en l'église Notre-Dame de Paris... Par M. Du Morier, l'un des commissaires élus à la rédaction des cahiers. — *S. L. N. D.* (1789), *in*-8°.

— * **Cahier** du chapitre. (1789.)

Voyez les n°s 7 et ss.

797. — **Extrait** du procès-verbal du district de Notre-Dame, assemblé dans l'Eglise de Paris, de cejourd'hui 17 juillet 1789, relativement à l'espérance du bonheur dont les citoyens étaient flattés, de voir leur roi en cette Eglise, après sa sortie de l'Hôtel de Ville. — Discours de M. Oudet, avocat au parlement, président du district de Notre Dame, qui devait être prononcé au roi, s'il avait eu la bonté de venir à l'Eglise... le 17 juillet 1789. — *Paris, imp. de veuve Hérissant, S. D.* (1789), *in*-8°, 4 *p.*

798. — **Lettre** de Mgr l'archevêque de Paris à M. Oudet, président du district de Notre-Dame. (18 juillet.) — Réponse de M. Oudet à Mgr l'archevêque de Paris, à la lettre ci-dessus. (19 juillet.) — *Paris, imp. de veuve Hérissant, S. D.* (1789), *in*-8°, 4 *p.*

L'exemplaire de cette pièce, qui se trouve à la Bibliothèque nationale, est peut-être incomplet, car il est paginé 5-8; cependant la première page porte la signature typographique A, de sorte qu'il n'y manque peut-être que deux feuillets de titre? — Le titre donné ci-dessus est le titre de départ qui se lit à la page 5. — Cette lettre se rattache, par son sujet, à la pièce précédente.

799. — FAUCHET (l'abbé Cl.). — **Troisième** discours sur la liberté française, prononcé le dimanche 27 septembre 1789, dans l'église de Notre-Dame, pour la bénédiction générale de tous les drapeaux de la garde nationale parisienne, M. l'archevêque de Paris officiant, en présence de M. Bailly, maire, de M. de La Fayette, commandant général, de MM. les députés de Paris à l'Assemblée nationale, de MM. les représentants de la commune, et de MM. les députés de tous les districts de Paris. — *Paris, Bailly*, 1789, *in-8°*, 30 *p.*

Il y a deux éditions sous cette date.

800. — MULOT (l'abbé). — **Discours** sur le serment civique, prononcé, le dimanche 14 février 1790, dans l'église de Notre-Dame... Imprimé par ordre de l'assemblée des représentants de la commune. — *Paris, imp. Lottin*, 1790, *in-8°*, 20 *p.*

801. — LABOUREAU. — **Détail** de la cérémonie faite à Notre-Dame, à l'occasion du dévouement des Français pour affermir les bases de la constitution; et extrait du Discours prononcé... par M. Mulot... — *Paris, imp. Caillot et Chevé S. D.* (1790), *in-8°*, 8 *p.*

La cérémonie eut lieu le 14 février 1790.

802. — **Grand'Messe** solennelle célébrée en l'église Notre-Dame, le jour de Pâques 1790. — *S. L. N. D.* (1790), *in-8°*, 55 *p.*

Pamphlet. Parodie de la messe.

803. — **A nosseigneurs** de l'Assemblée nationale. — *Paris, imp. de veuve Hérissant*, 1790, *in-4°*.

Pétition des six gardes du chœur de l'Eglise de Paris pour obtenir une pension viagère.

804. — **Exposé** et supplication à nosseigneurs de l'Assemblée nationale. — *Paris, imp. de veuve Delaguette, S. D.* (1790), *in-8°*, 14 *p.*

Le titre de départ, page 1, porte en plus : « Pour Jean-Baptiste Hermand..., François Durand... tous francs-sergents, huissiers en la barre du chapitre, appariteurs et gardes du chœur de l'Eglise de Paris ». — Contre le décret du 8 juin 1790, qui supprimait leurs offices.

805. — **A nosseigneurs** de l'Assemblée nationale. (Juin 1790.) — *Paris, imp. de veuve Hérissant*, 1790, *in-4°*.

Pétition de plusieurs marguilliers de l'Eglise de Paris, pour réclamer une pension viagère et la conservation de leur emploi.

806. — DURAND. — **Discours** prononcé à MM. les représentants de la commune de Paris, par M. Durand, secrétaire et chevalier de l'Arc de Montmartre, le 21 juin 1790. — *Paris, imp. Valleyre jeune, S. D.* (1790), *in-8°* 4 *p.*

Avant de se rendre à la cérémonie qui eu lieu à Notre-Dame et dont il est question dans l'article suivant.

807. — BARBEY (l'abbé). — **Discours** prononcé à la commune de Paris et à M. le doyen du chapitre de Notre-Dame, par M. Barbey, aumônier des chevaliers de l'Arc. — *Paris, imp. Valleyre jeune, S. D.* (1790), *in-8°*, 8 *p.*

Le titre de départ, page 3, porte en plus : « En apportant un drapeau que l'on allait déposer aux voûtes de Notre-Dame à Paris, le lundi 21 juin 1790 ». Cf. le n° précédent.

808. — **Séance** relative à la cérémonie du *Te Deum*, tenue à l'Archevêché, le 25 juin 1790. — *Paris, Imp. nationale, S. D.* (1790), *in-8°*, 17 *p.*

809. — BERTOLIO (l'abbé A.-R.-C.). — **Discours** prononcé dans l'église métropolitaine de Paris, le 13 juillet 1790, pendant la cérémonie du *Te Deum*, en action de grâces, selon le vœu de MM. les électeurs de 1789, par A.-R.-C. Bertolio, l'un des électeurs de 1789, et représentant de la commune de Paris. — *Paris, Buisson*, 1790, *in-8°*, 20 *p.*

810. — **Pièces** curieuses à l'occasion de ce qui s'est passé les 17 et 22 novembre 1790, au chapitre de

l'Eglise de Paris. — *S. L. N. D.* (1790), *in-4°*.

Sur la suppression des chapitres.

811. — **Décret** concernant la circonscription de la paroisse cathédrale de la ville de Paris, et la suppression de plusieurs paroisses dans les deux îles appelées îles du Palais et île de Saint-Louis. 13 janvier 1791.

Collection Duvergier, tome II, p. 190.

812. — FAUCHET (l'abbé Cl.). — **Sermon** sur l'accord de la religion et de la liberté, prononcé dans la Métropole de Paris, le 4 février 1791, pour la solennité civique des anciens représentants de la commune, en mémoire de ce qu'à pareil jour, le roi vint à Assemblée nationale reconnaître la Souveraineté du peuple... — *Paris, imp. du Cercle social*, S. D. (1791), *in-8°, 32 p.*

813. — BRUGIÈRE (P.). — **Discours** prononcé par M. Brugière, lors de sa proclamation à la cure de Saint-Paul, dans l'église Métropole de Paris, le 27 février 1791. — *Paris, imp. Lefort, S. D.* (1791), *in-8°, 3 p.*

814. — **Honneur** funèbre rendu aux mânes d'Honoré-Gabriel-Victor Riquetti, ci-devant comte de Mirabeau, par la Société fraternelle des compagnons maçons de Paris, célébré en l'église épiscopale et paroissiale de Paris, le 9 mai, l'an IIe de la liberté. — *S. L. N. D.* (1791), *in-4°, 22 p.*

Pièce curieuse sur une cérémonie à laquelle se trouve mêlé Palloy, l'inévitable *maçon* de la Révolution.

815. — POTRON. — **Discours** prononcé dans l'église paroissiale et métropolitaine de Paris, au sujet de la bénédiction d'un drapeau que les jeunes citoyens de cette paroisse ont donné le jour de la Pentecôte, veille de leur première communion, aux Elèves de l'espérance de la Patrie, section de Henri IV, en présence de M. l'évêque, par M. Potron, l'un des enfants ; et vendu pour délivrer des prisonniers pour mois de nourrice. 1791, l'an second de la liberté. — *Paris, imp. de veuve Hérissant*, 1791, *in-8°, 7 p.*

L'affectation du produit de la vente de la brochure ne manque pas d'originalité !

816. — HERVIER (l'abbé Ch.). — **Discours** sur la Révolution française, prononcé dans l'église métropolitaine et paroissiale de Notre-Dame de Paris en présence des électeurs de 1789, le 13 juillet 1791. — *Paris, chez le patriote Varrin, le premier jour de l'an troisième de la liberté, in-8°, 16 p.*

— Autre édition. — *Paris, imp. Didot*, 1791, *in-8°*.

— Autre édition. — *Paris, imp. Didot, la véritable édition se trouve à Paris, chez Plumet*, 1791, *in-8°*.

817. — **L'ordre** et la marche des cérémonies qui seront observées à la fête consacrée à la constitution française, et au *Te Deum* qui sera chanté en musique, en l'église paroissiale de Notre-Dame. — *Paris, imp. Labarre, (sept.* 1791), *in-8°, 8 p.*

818. — **Grand** détail de l'ordre et la marche, avec toutes les cérémonies qui doivent être observées demain dans la ville de Paris pour la proclamation de l'acte constitutionnel, et la fête publique décrétée par l'Assemblée nationale, ainsi que le *Te Deum* qui sera chanté en l'église de Notre-Dame, où le roi, la reine et la famille royale assisteront. (25 septembre 1791.) — *Paris, imp. Limodin, S. D.* (1791), *in-8°, 8 p.*

Il n'y a eu ni *Te Deum*, ni autre acte religieux. On a chanté un hymne en français à l'autel de la fédération ; la famille royale n'assistait pas à cette cérémonie. D'après une note ms. ancienne, ce *canard* a été crié le 16 septembre 1791. La fête (illuminations au Cours-la-Reine) fut annoncée par des affiches.

819. — **Grande** lettre de la reine, adressée à M. Bailly. Motifs qui ont dicté l'ordre d'enlever tous les préparatifs pour la fête publique du 25 de ce mois. Arrêté de la municipalité à ce sujet. — *Paris, au bureau du Cour-*

rier des frontières, *S. D.* (*sept.* 1791), *in*-8°, 8 *p*.

Cette lettre est apocryphe; il en existe deux tirages. — Voyez la note précédente.

820. — Hervier (le P. Ch.). — **Discours** sur la Constitution française (prononcé le 25 septembre 1791 à Notre-Dame, à l'occasion de la cérémonie d'actions de grâces de l'heureuse conclusion des travaux de l'Assemblée). — *Paris*, *Plumet*, (*imp. Didot*,) 1791, *in*-8°, 34 *p*.

Il y a une autre édition de même format, mais sans lieu ni date, en 16 pages. Elle ne contient pas les *notes* qui se trouvent dans l'autre.

821. — Lamourette (l'abbé). — **Discours** pour la fête des canonniers volontaires de l'armée parisienne, prononcé en l'église de Notre-Dame, le dimanche 4 décembre 1791. — *Paris*, *imp. Limodin*, *S. D.* (1791), *in*-8°, 12 *p*.

Le célèbre abbé Lamourette était devenu à cette époque évêque du département de Rhône-et-Loire.

822. — **A MM.** de l'Assemblée nationale, à MM. du Département de Paris et à MM les commissaires et régisseurs des domaines nationaux. Les citoyens de la paroisse métropolitaine de Notre-Dame de Paris, soussignés. — *Paris*, *imp. de veuve Hérissant*, 14 *mai* 1792, *in*-8°.

Pour la conservation, comme promenade, du jardin dit *Le Terrain*, voisin de Notre-Dame.

823. — **Récit** et extrait des délibérations de l'assemblée générale de la section de Notre-Dame en ce qui concerne les cloches. (16 et 19 juin 1792.) — *Paris*, *imp. de veuve Hérissant*, 1792, *in*-8°.

824. — Chéron (L.-C.). — **Discours** prononcé dans l'église métropolitaine de Notre-Dame de Paris, le 13 juillet 1792, jour de la réunion annuelle des citoyens qui furent électeurs de 1789, en commémoration de la prise de la Bastille et de la conquête de la liberté. — *S. L. N. D.* (1792), *in*-8°.

825. — **Procès-verbal** de l'enlèvement et du transport à l'Hôtel de Ville des objets précieux du trésor de Notre-Dame, fait dans la nuit du 22 août 1792 par les délégués de la section de la Cité. — *Manuscrit in*-4°.

Précieux document, en partie inédit, conservé à la bibliothèque Carnavalet (10,668, Réserve). Ce manuscrit se compose de 13 rôles gr. in-4° auxquels on a joint diverses autres pièces relatives au dépouillement de l'église. C'est une copie *authentique* faite et délivrée en l'an III par le greffier de la section. La minute, conservée aux archives de la ville avec tous les papiers des sections, a péri dans l'incendie de 1871.

826. — Mille (l'abbé F.-B.). — **Discours** républicain prononcé le 21 octobre, à l'occasion du *Te Deum* chanté dans la métropole de Paris, en action de grâces des heureux succès de nos armées, imprimé conformément aux vœux des citoyens de l'auditoire. Par le citoyen Mille, ancien curé et vicaire métropolitain. — *Paris*, *veuve Hérissant*, *l'an* 1792, *in*-4°.

827. — Mille (l'abbé F.-B.). — **Hommage** catholique à la République française, ou Accord de la religion avec la constitution. Discours prononcé le 15 août dans la métropole de Paris, en action de grâces de l'acceptation de la constitution... Imprimé d'après la demande des citoyens de l'assemblée. — *Paris*, *chez l'auteur*, *de la République française l'an II*, *et de l'ère ancienne* 1793, *in*-8°.

828. — **Décret** [n° 1876] de la Convention nationale du 20e jour de brumaire, an second de la République française une et indivisible [10 novembre 1793], portant que l'église métropolitaine de Paris est désormais le temple de la Raison. — *Paris*, *de l'Imp. nationale exécutive du Louvre*, *an II*^{e} *de la République*, *in*-4°, 2 *p*.

829. — **Municipalité** de Paris. Du 16 frimaire l'an II de la République [6 décembre 1793]. Programme de la fête qui aura lieu le décadi 20 frimaire [mardi 10 décembre], à onze heures du matin, dans le temple de la Raison,

ci-devant Notre-Dame. — *Paris, imp. C.-F. Patris, S. D.* (1793), *feuillet in-8°.*

Signé : *Pache*, maire. Ce programme annonce l'exécution de deux morceaux de *Catel*, de trois de Gossec, de la Marseillaise et d'un morceau de Méhul. Cf. les n°s 312 et ss.

¶ — Pour les détails relatifs à la fête de l'Etre Suprême (8 juin 1794), voyez les n°s 316 et ss.

830. — **Rencontre de M. Dimanche avec Mme Décade, à la cérémonie solennelle du** ***Te Deum*** **chanté** dans l'église de Notre-Dame de Paris, sur le rétablissement du culte catholique. Dialogue. — *Paris, de l'imp. de la citoyenne Duchon, S. D.* (*vers* 1796 ?), *in-8°, 8 p.*

831. — **Projet** d'une pompe funèbre qui doit être célébrée le 21 janvier. — *Paris, imp. de la Clémence,* [*imp. Lenormant*], *S. D.* [1797], *in-8°, 18 p.*

La cérémonie devait, d'après ce projet, avoir lieu à Notre-Dame ; mais il n'y fut pas donné suite. Le nom de l'auteur ne figure pas sur le titre de cet écrit, qui fut rédigé par Nic.-Louis Gouin [1743-1825], administrateur des postes sous la Restauration. Celui-ci le fit réimprimer avec son nom en 1814, puis en 1816 (20 pages in-8°), et c'est par ces deux éditions subséquentes que j'ai appris son nom, ainsi que le nom de l'imprimeur et la date de la première édition.

832. — **Le 22 janvier**, ou la queue du 21, et détails intéressants des événements qui ont eu lieu à Notre-Dame et au Luxembourg. — *Paris, imp. Lerouge, an V, in-8°, 8 p.*

Singulier amalgame de réflexions royalistes et d'opinions républicaines.

833. — **Réflexion** sur le détail de tout ce qui s'est passé hier en l'église de Notre-Dame de Paris, et le trouble qu'il y a eu, et sur l'arrivée de la force armée, et le nombre des personnes qui ont été arrêtés (*sic*). — *Paris, se distribue chez Dumaka, S. D.* (1797), *in-8°, 7 p.*

Pamphlet théophilanthropique contre les prêtres catholiques (assermentés). Pièce curieuse.

¶ 834. — Pour les pièces relatives au concile de 1797, dont les séances se tinrent à Notre-Dame, voyez le n° 400 et les suivants.

835. — Brugière (P.) — **Eloges** funèbres de J.-B. Samson et de L.-G. Ménard, membres du presbytère de Paris, prononcés le 6 février et le 2 mai 1798, en l'église Notre-Dame, en présence de plusieurs évêques réunis à Paris, par P. Brugière, curé de Saint-Paul. — *Paris*, 1798, *in-8°, 43 p.*

D'après un catalogue.

836. — Taine. — **Discours** prononcé au temple de l'Etre suprême par le commissaire du pouvoir exécutif près l'administration municipale du 9e arrondissement... à la fête de la Souveraineté du peuple, le 30 ventôse an VII [20 mars 1799]. — *Paris, imp. Millet, S. D.* (1799), *in-8°, 16 p.*

837. — **Extraits** du registre des délibérations et des procès-verbaux des séances extraordinaires des 9 et 10 thermidor an VII [27-28 juillet 1799]... jours auxquels ont été célébrées les fêtes de la Liberté au temple de l'Etre Suprême, par l'administration municipale du IXe arrondissement du canton de Paris. — *Paris, Lamberté, S. D.* (1799), *in-8°, 1 f. de tit., 11 et 12 p.*

838. — Baradelle. — **Liberté**, égalité. — Municipalité du IXe arrondissement. Discours prononcé le 23 thermidor de l'an VII [10 août 1799], pour la fête du 10 août célébrée au temple de l'Etre Suprême. — *Paris, Lamberté, S. D.* (1799), *in-8°, 14 p.*

« Dix août ! Mots sacrés, qui présentent d'un seul trait au génie de l'homme libre des volumes entiers de réflexions philosophiques et morales, vous passerez dans la langue de tous les peuples ; vous serez les premiers que l'homme libre de tous les pays fera bégayer à ses enfants ; vous serez aussi les derniers qu'il prononcera religieusement au moment de descendre dans la tombe... » etc. L'orateur ne ménage pas ses éloges aux *héros* de cette journée *mémorable* ; pour ajouter à la pompe de la cérémonie, il interrompt de temps en temps son discours, et pendant ces intervalles les assistants chantent en chœur un couplet de la Marseillaise.

839. — Taine. — **Discours** prononcé pour la fête de la Vieillesse, au temple de l'Etre Suprême, le 10 fructidor an VII [27 août 1799], par l'un des administrateurs du IXe arrondis-

sement... — *Paris, Lamberté, S. D.* (1799), *in*-8°, 11 *p*.

840. — **Réponse** à la lettre répandue par un citoyen, en l'église Notre-Dame de Paris, le 29 juin, jour de l'ouverture du concile national, pour proposer au clergé de France une démission générale de tous ses titres. (18 août 1801.) — *S. L. N. D.* (1801), *in*-8°. 6 *p*.

Cf. les n°s 434 et ss.

841. — **Détail** de la cérémonie qui va être célébrée aujourd'hui dans l'église de Notre-Dame; grand *Te Deum* qui sera chanté en action de grâce des victoires remportées par l'armée française en Italie, où il y assistera Adélaïde Bassey, native du faubourg Saint-Marceau, âgée de 23 ans, qui servait dans les chasseurs, sans être reconnue dans son sexe, qui, à la reprise de Gênes, elle s'est couverte de gloire en faisant un général autrichien prisonnier de guerre. Noms des rues et des quais où doivent passer les consuls pour se rendre à cette brillante fête. — *Paris, rue de la Harpe, n° 151, S. D.* (*mars* 1802), *in* 8°, 4 *p*.

842. — Boisjelin (Mgr de), *archevêque de Tours*. — **Discours** sur le rétablissement de la religion, prononcé à Notre-Dame, le jour de Pâques 1802. — *Paris, Le Clère*, 1802, *in*-8°, 1 *f. de tit.*, *et* 16 *p*.

— Autre édition. — *Paris, imp. Donnier, S. D.* (1802), *in*-8°, 8 *p*.

843. — **Programme** officiel de la cérémonie du *Te Deum* qui sera chanté le 28 germinal an X [18 avril 1802], dans l'église métropolitaine de Notre-Dame. — *Paris*, *imp. du Dépôt des lois, S. D.* (1802), *in*-8°, 4 *p*.

844. — **Sur le** recouvrement de la sainte Couronne d'épines rendue au chapitre de Notre-Dame pour le sacre et le couronnement de l'empereur..... — *Senlis, Tremblay, S. D.* (1805?) *in*-8°, 4 *p*.

Par l'abbé J.-A. Guyot. — Vers latins adressés à MM. Millin et d'Astros, au premier pour avoir conservé la sainte Couronne et quelques portions de la vraie Croix au Cabinet des Antiques, au second pour avoir reçu et déposé ces reliques à Notre-Dame dont il était chanoine.

¶ — Réparations de la chapelle dite de la Grande-Pénitencerie, à Notre-Dame. — Voyez le n° 155.

NOTRE-DAME-DE-BONNE-NOUVELLE.

845. — Le Conte (l'abbé). — **Discours** prononcé à la bénédiction du drapeau du bataillon de Bonne-Nouvelle, par M. l'abbé Le Conte, aumônier. — *Paris, imp. de Jacob-Sion et Simon, S. D.* (1789), *in*-8°, 1 *f. de tit.*, *et* 18 *p*.

846. — Charon. — **Discours** prononcé en l'église de Bonne-Nouvelle, le mardi 5 janvier 1790 par M. Charon, ci-devant officier de la garde nationale, secrétaire-greffier. — *Paris, Institution des Enfants-Aveugles*, 1790, *in*-8°, 19 *p*.

847. — Jault. — **Discours** philosophique sur la liberté et la nécessité de baser l'éducation sur un calendrier des vertus dignes de la République, prononcé dans le temple de la Raison, le 10e jour du 3e mois de l'an II... [30 novembre 1793], par le cit. Jault, électeur de 1792, membre de la commune de Paris, de la société des Beaux-Arts et du comité de vérification de la guerre. — *S. L. N. D.* (1793), *in*-8°.

Imprimé par ordre de la section Bonne-Nouvelle. — Très-curieux. On trouve, page 17, un Décalogue républicain vraiment très bien réussi.

848. — Jault. — **Discours** sur l'instruction publique et l'avantage qu'apporterait aux mœurs l'établissement d'une fête morale dans chaque section, canton ou commune de la République, prononcé dans le temple de la Raison, le 10e jour du mois Pluies, l'an II... [29 janvier 1794]. Par le citoyen Jault... Imprimé par ordre de... la section Bonne-Nouvelle. — *Paris, imp. de la Soc. typ. des Trois Amis, S. D.* (1794), *in*-8°, 8 *p*.

849. — Jault. — **Discours** sur

l'aristocratie muscadine, les jardins de luxe, et la nécessité de borner au simple nécessaire le nombre des animaux domestiques, pour éviter la peste et les maladies épidémiques, lu dans le temple de la Raison, et en assemblée générale de la section de Bonne-Nouvelle; par le citoyen Jault,... — *Paris, imp. de la Soc. typ. des Trois Amis. S. D.* (1794), *in*-8°, 12 *p*.

850. — Jault. — **Discours philosophique.** Des moyens d'éviter le matérialisme par la morale propre à élever l'âme dans les sentiments de sa véritable grandeur, prononcé dans le temple de la Raison, par le citoyen Jault... Imprimé par ordre de la Société populaire de la section de Bonne-Nouvelle... — *Paris, imp. de la Soc. typogr. des Trois Amis, S. D.* (1794), *in*-8°, 14 *p*.

851. — Maurin. — **Entretiens** d'un citoyen de Philadelphie arrivé récemment en France, et d'un républicain français qui a servi sous Washington lors de la guerre des Etats-Unis d'Amérique, prononcés au temple de la Raison de la section de Bonne-Nouvelle, les décadi 10, 20, 30 pluviôse et 20 ventôse de l'an II... [29 janvier-10 mars 1794], par le citoyen Maurin, employé aux affaires étrangères. — *S. L. N. D.* (1794), *in*-8°, 32 *p*.

NOTRE-DAME-DE-LORETTE.
(Ancienne paroisse.)

852. — Cahier (L.-G.), *avoué*. — **Eloge** funèbre de Gabriel-Honoré, Riquetti, ci-devant comte de Mirabeau..., prononcé le 14 avril 1791, dans l'église paroissiale de Notre-Dame-de-Lorette. — *Paris*, 1791, *in*-8°.

Cité par M. Cocheris dans son édition de Lebeuf, tome I, page 298.

NOTRE-DAME-DES-VERTUS.
(Voir Aubervilliers.)

NOTRE-DAME-DES-VICTOIRES.
(Voir aussi Augustins.)

853. — **Invitation** patriotique à un service solennel pour le chevalier Desilles, qui se fera avec grande musique, dans l'église des PP. Augustins de la place des Victoires, le mercredi 17 novembre 1790... — *Paris, imp. de Vve Valade, le* 8 *novembre* 1790, *in*-8°, 4 *p*.

A.-J.-M. Desilles était officier du *Roi-Infanterie* lors de la révolte de ce régiment et de celui de *Chateauvieux* à Nancy. (Voyez la Biogr. Didot, XIII, 830.)

854. — Conty (Claude). — **Oraison** funèbre de M. [le général] de Gouvion, prononcé en l'église de Saint-Augustin, ci-devant les Petits-Pères, le lundi 18 juin 1792; par Claude Conty, soldat du bataillon des Filles-Saint-Thomas... *Paris, imp. L. Potier de Lille, S. D.*(1792), *in*-8°, 16 *p*.

855. — **Section** de Guillaume-Tell. ci-devant du Mail. Citoyens, dimanche 6 octobre... — *S. L. N. D.*, (1793), *in*-4°.

Lettre d'invitation à l'inauguration des bustes de Pelletier et de Marat, datée du 29 septembre 1793.

856. — Barry (Etienne). — **Section** de Guillaume-Tell... Discours sur l'origine des institutions religieuses, prononcé le dernier decadi du mois brumaire, l'an II de la République française une et indivisible [20 novembre 1793], dans la ci-devant église des Petits-Pères ou de Saint-Augustin. — *Paris, imp. de Massot, S. D.* (1793), *in*-8°, IV-19 *p*.

857. — Monvel. — **Discours fait** et prononcé par le citoyen Monvel, le jour de la fête de la Raison, dans la ci-devant église des Petits-Pères, devant ses frères de la section de Guillaume-Tell. (20 frimaire an II [10 décembre 1793].) — *S. L. N. D.* (1793), *in*-8°.

858. — Trassart (P.) — **Discours** prononcé dans le temple de la Morale de la section de Guillaume-Tell, le décadi 30 fructidor [an II-16 sept. 1794] à l'occasion d'un concert donné par des artistes et des amateurs, pour concourir au soulagement des familles

infortunées de ceux qui ont péri le 14 fructidor par l'explosion de la poudrerie de la plaine de Grenelle. — *S. L. N. D.* (1794), *in*-8°, 10 *p*.

859. — MANET. — **Discours** sur l'amitié, prononcé par le C. Manet, dans le temple de la Morale de la section Guillaume-Tell. — *Paris, imp. Hazard*, S. *D*. (1794), *in*-8°, 16 *p*.

860. — **Discours** prononcés les jours de décade dans la section Guillaume-Tell. — *Paris, Massot, S. D.* (1794), 2 *vol. in* 8°, IV-236 *et* 220-22-14-22-24-8 *p*.

Recueil très rare et très curieux. Il a paru par livraisons. Dans le second volume, les 5 derniers numéros ont une pagination séparée.

ORATOIRE.

861. — **Procès-verbal** de l'assemblée des citoyens nobles de Paris, tenue en l'église de la congrégation des Pères de l'Oratoire, le 20 avril 1789 et jours subséquents, close le 22 dudit mois. — *S. L. N. D.* (1789), *in*-4°.

862. — **Protestation** de M. le comte de Lauraguais, qui aurait dû être annexée au procès-verbal de l'assemblée des citoyens nobles de Paris, tenue en l'église de la congrégation des Pères de l'Oratoire. (20 avril 1789.) — *Paris*, 1789, *in*-4°.

Pièce citée par M. Cocheris dans son édition de Lebeuf, tome I, page 186.

863. — POIRET (Le R. P.). — **Discours** prononcé par le R. P. Poiret, supérieur de l'Oratoire, président de ce même district, le 30 août 1789, jour de la bénédiction par lui faite du drapeau de ce district... — *S. L. N. D.* (1789), *in*-8°, 1 *f. de tit.*, *et* 19 *p*.

Le P. Poiret est devenu plus tard curé *élu* de Saint-Sulpice. Voyez les n°s 960 et ss.

864. — **Discours** à l'Assemblée nationale prononcé au nom de la députation de MM. de la congrégation de l'Oratoire dans la séance du 10 juillet 1790. Imprimé par ordre de l'Assemblée nationale. — *Paris, Baudouin*, *S. D.* (1790), *in*-8°.

865. — **Mémoire** sur l'utilité pour la nation de laisser aux prêtres de l'Oratoire l'administration de leurs biens. — *Paris, imp. de Vve Hérissant, S. D.* (1790), *in*-8°, 8 *p*.

866. — **Réflexions** impartiales sur l'ouvrage intitulé : « Les inconvénients du célibat des prêtres » ; sur la conservation ou suppression des congrégations de l'Oratoire, de la doctrine chrétienne... (15 juin 1790.) — *Paris, Desenne et Petit*, (1790), *in*-8°, 1 *f. de tit.* 44 *p. et* 1 *f. non paginé*.

Les « Inconvénients du célibat... » avaient été publiés sous le voile de l'anonyme par l'abbé J. Gaudin, ex-oratorien, dès 1781. Ils venaient d'être réimprimés en 1790 (Paris, Legay, in-8°).

867. — **Supplément** à ce que n'ont pas dit les instituteurs publics de l'Oratoire, sur leur plan d'éducation présenté à l'Assemblée nationale. — *S. L. N. D.* (1791), *in*-8°, 15 *p*.

Critique de la révolution que le plan en question tendait à apporter dans les constitutions de l'Oratoire.

868. — MILLIN (A.-L.). — **Couvent** de l'Oratoire, rue Saint-Honoré. — (1791), *in*-4°, 28 *p.*, 5 *pl.*

Antiq. nat., tome II.

869. — **Lettre** d'un ancien élève de Juilly, à son ami, sur le rapport fait à l'Assemblée nationale touchant l'Oratoire et les autres congrégations séculières. (Paris, 21 février 1792.) — *S. L N. D.* (1792), *in*-8°, 15 *p*.

870. — **Décret** qui charge le ministre de la justice de faire transférer de la maison de l'Oratoire de Paris, dans celle des anciens administrateurs de l'habillement, rue Gaillon, le citoyen Brès, l'un d'eux. — 27 brumaire an II (17 novembre 1793).

Collection Duvergier, tome VI, p. 357.

PANTHÉON.
(Voir SAINTE-GENEVIÈVE.)

PASSY.

871. — NOGUÈRES (D.-C.). — **Discours** prononcé dans l'église de Passy avant la bénédiction d'un drapeau [pour la garde nationale], le 9 août 1789.

— *Paris, imp. Simon, S. D.* (1789), *in-8°*.

SAINT-PAUL.

872. — Bossu (l'abbé), *curé*. — **Oraison** funèbre de M. le premier président d'Ormesson, prononcée en l'église royale et paroissiale de Saint-Paul, le 14 mars 1789. — *Paris, imp. de Vve Delaguette, S. D.* (1789), *in-4°*, 29 *p*.

873. — **Procès-verbal** et cahier de l'assemblée du clergé de la paroisse royale Saint-Paul, tenue en la salle presbytérale le 21 avril 1789. — *S. L. N. D.* (1789), *in-8°*, 16 *p*.

874. — Lebois. — **Le mort** de dix-huit francs, ou récit exact de ce qui s'est passé mercredi 30 septembre 1789, en l'église royale de Saint-Paul, au sujet de l'enterrement d'un garçon de chantier. — *Paris, imp. Momoro, S. D.* (1789), *in-8°*, 7 *p*.

875. — Bossu (l'abbé). — **Lettre** de M. le curé de Saint-Paul à MM. les président et commissaires de la section de l'Arsenal. (6 janvier 1791.) — *S. L. N. D.* (1791), *Feuillet in-4°*.

Au sujet de son refus de serment et de son départ. Pièce très importante, malgré son peu d'étendue.

876. — Bossu (l'abbé). — **Justification** de M. le curé de Saint-Paul, et précis simple et fidèle de sa conduite. — *Paris, imp. Caillot, S. D.* (   ), *in-8°*.

877. — Bernard (l'abbé Pierre). — **Profession** de foi prononcée en l'église royale et paroissiale de Saint-Paul, le dimanche 9 janvier 1791, à l'occasion du serment civique ordonné par l'Assemblée nationale aux fonctionnaires publics ecclésiastiques, imprimée d'après le vœu de MM. les paroissiens. — *Paris, imp. J.-B. Hérault, S. D.* (1791), *in-8°*, 8 *p*.

Cet ecclésiastique prend les qualités de « Prêtre de Paris, avocat, membre de l'Université et président du comité de la section de la place Royale ». Il prête le serment demandé par la loi.

878. — Brugière (P.). — **Discours** prononcé par M. Brugière, lors de son installation à la cure de Saint-Paul de Paris, le 3 avril 1791. — *Paris, imp. Lefort, S. D.* (1791), *in-8°*, 16 *p*.

— * Brugière (P.). — **Discours** prononcé... lors de sa proclamation à la cure de Saint-Paul, dans l'église métropole... (27 février 1791).

Voyez n° 813.

879. — Coittant (P.-E.). **Discours** prononcé en l'église de Saint-Paul, au service que les ouvriers des travaux publics des ateliers de Montmartre ont fait célébrer en mémoire d'Honoré-Riquetti-Mirabeau, le 18 avril 1791. — *Paris, Boulard, S. D.* (1791), *in-8°*, 8 *p*.

880. — Bras (M.-J. de). — **A M.** le maire et à MM. les administrateurs des travaux publics. Discours prononcé dans l'église Saint-Paul,... avant le service célébré en l'honneur de M. de Mirabeau. — *Paris, imp. Laurens junior, S. D. (avril* 1791), *in-8°*.

881. — Brugière (P.). — **Discours** patriotique prononcé le 8 mai par M. Brugière, curé de Saint-Paul, sur l'ordonnance de M. Juigné, ci-devant archevêque de Paris; imprimé à la sollicitation de l'assemblée générale de la section de l'Arsenal. — *Paris, Bourgeois*, 1791, *in-8°*, 30 *p*.

882. — Brugière (P.). — **Lettre** d'un curé sur le décret qui supprime le costume des prêtres. — *Paris*, 1791, *in-8°*.

Cité par Quérard dans la *France littéraire*.

883. — Brugière (P.). — **Instruction** pastorale de Pierre Brugière, curé constitutionnel de Saint-Paul, à Paris, sur le bref du pape. — *Paris, Bourgeois*, 1791, *in-8°*, 1 *f. de tit.*, *et* 80 *p*.

884. — **Lettre** d'un prêtre catholique à Pierre Brugière, se disant curé constitutionnel de Saint-Paul. (15 octobre 1791.) — *Paris, imp. Crapart, S. D.* (1791), *in-8°*, 40 *p*.

— * **Fuite** précipitée du curé de Saint-Paul. (1792.)

Voyez le n° 458.

885. — Brugière (P.). — **Lettre** d'un curé, du fond de sa prison, à ses paroissiens, pour les consoler dans la triste situation où ils se trouvent, abandonnés à eux-mêmes et privés de tout secours spirituel. — *Paris*, 1793, *in-8°*.

Cité par Quérard dans la *France littéraire*.

886. — **Chant** d'allégresse adressé à M. Philippot, curé de Saint-Paul, par ses paroissiens, qui sera exécuté dimanche 25 messidor an II [13 juillet 1794], avec accompagnement de l'orgue. — *S. L. N. D.* (1794), *feuillet in-8°*.

D'après un catalogue de vente.

887. — **Avis** aux paroissiens de Saint-Paul. — *Paris, se trouve à la sacristie...*, 1800, *in-8°, 1 f. de tit., et 90 p.*

Signé : Brugière, curé. — Pour se justifier de ses opinions constitutionnelles.

888. — **Avis** au public, et en particulier aux paroissiens de Saint-Paul, c'est-à-dire à ceux qui suivent le curé constitutionnel, seul légitime pasteur de cette paroisse, élu librement par le peuple. — *S. L. N. D.* (1801), *in-8°*, 28 *p.*

Lettre anonyme de Brugière contre l'abbé Bossu.

889. — Brugière (P.). — **Mémoire** apologétique de Pierre Brugière, curé de Saint-Paul ; suivi de notes et pièces justificatives, d'une lettre à ses paroissiens pendant sa captivité ; et de son dernier discours, prononcé le dimanche de Quasimodo, an XI, la veille du jour où la chapelle des Filles Sainte-Marie a été fermée aux catholiques, pour être occupée par les protestants. — *Paris*, (*sans nom d'imprimeur*,) *an XII* (1804), *in-8°*, XXXVII-170 *p. Portrait.*

Publié par l'abbé Massy, prêtre de Saint-Germain-l'Auxerrois, et par le frère Renaud des Ecoles chrétiennes du faub. Saint-Antoine, mort en 1806. (*Barbier*.)

890. — **Les curé** et marguilliers de l'église de Saint-Paul-Saint-Louis, aux fidèles de cette paroisse. — *S. L. N. D.* (1804), *in-8°*, 2 *p.*

Pour solliciter les offrandes des fidèles en vue des besoins de l'église. — Signé : Delaleu, curé.

891. — Brugière (P.). — **Instructions** choisies de M. Brugière, curé de Saint-Paul. — *Paris, fructidor an XII* (1804)-*an XIII* (1805), 2 *vol. in-8°*, X-599 et IV-348 *p.*

Ces deux volumes ont été publiés par l'abbé Degola.

D'autres ouvrages attribués à P. Brugière ont été signalés sous les n°s 11, 426, 750, etc.

PETITS-PÈRES.

(Voyez Notre-Dame-des-Victoires.)

SAINT-PHILIPPE-DU-ROULE.

892. — **Plan**, coupes et élévations, profils de l'église de Saint-Philippe-du-Roule, dédiée (*sic*) à Monsieur, frère du roi. — *S. L. N. D.* (*vers* 1785), *gr. in-folio.*

Atlas de 17 planches gravées, y compris le titre et la dédicace qui est signée Chalgrin, nom de l'architecte qui a construit cette église.

893. — Barret (l'abbé). — **Discours** pour la bénédiction des drapeaux de la garde nationale parisienne, prononcé devant le district des Enfants-Rouges, le 16 septembre 1789, et le lendemain devant celui de Saint-Philippe-du-Roule. — *Paris, Le Clère*, 1789, *in-8°*.

894. — Madelaine. — **Eloge** civique et funèbre d'Honoré Riquetti, ci-devant comte de Mirabeau, prononcée en l'église paroissiale de Saint-Philippe-du-Roule, le mardi 3 mai 1791, jour auquel les ouvriers des travaux de secours de l'atelier de la Pologne, sous l'inspection de MM. Heremberger et Dupont Levesque, section du Roule, ont fait célébrer un service pour le repos de l'âme de M. Mirabeau ; par Madelaine, maître menuisier au Roule, maison de M. Deschamps, en face de la Croix. — *Paris, imp. du Postillon, S. D.* (1791), *in-8°*, 15 *p.*

— * **Décret** qui ordonne le paiement

des sommes dues aux entrepreneurs. (1792.)

Voyez le n° 456.

895. — DUSAULX (J.) — **Discours** prononcé à l'administration municipale du 1er arrondissement du canton de Paris, le 10 fructidor an V [27 août 1797] à l'occasion de la fête de la Vieillesse, célébrée en vertu de la loi du 3 brumaire an IV. — *Paris, imp. Baudouin, S. D.* (1797), *in-8°, 7 p.*

896. — MOUSSARD. — **Fête** de la Reconnaissance. — *Paris, imp. du faubourg Honoré, S. D.* (1798), *in-8°, 16 p.*

Signé : « Moussard, administrateur du 1er arrondissement ». — Fête du 29 mai 1798.

897. — MOUSSARD. — **Fête** de la Vieillesse. — *Paris, imp. du faubourg Honoré, S. D.* (1798), *in-8°, 16 p.*

Le titre de départ, page 3, porte : « Discours prononcé le 10 fructidor an VI [27 août 1798], à la fête de la Vieillesse... du 1er arrondissement ». — Moussard prend les qualités *d'administrateur municipal, employé au ministère des relations extérieures.*

898. — LAROCHE. — **Discours** pour la fête de la Jeunesse, prononcé le 10 germinal an VII [30 mars 1799]. — *Paris, imp. Laveaux et Cie, S. D.* (1799), *in-8°, 23 p. et 1 f. d'errata.*

« Imprimé par ordre de la municipalité du 1er arrondissement. »

899. — LAROCHE. — **Discours** pour la fête du 14 juillet, prononcé dans le temple de la Concorde par le... président de la municipalité du 1er arrondissement... le 26 messidor an VII... — *S. L. N. D.* (1799), *in-8°, 15 p.*

900. — LAROCHE, *administrateur municipal.* — **Fête** de la Vieillesse. — *Paris, imp. du faub. Honoré, S. D.* (1799), *in-8°, 7 p.*

Le titre de départ, page 3, porte : « Discours adressé aux jeunes élèves des deux sexes assistant à la fête de la Vieillesse, immédiatement après le couronnement. »

POPINCOURT.

901. — **Lettre** d'un officier anglais à un de ses camarades à Londres ; ou Relation de ce qui s'est passé à la prestation du serment civique au faubourg Saint-Antoine. — *Paris, imp. Rainville, S. D.* (1791), *in-8°, 7 p.*

Cérémonie du serment civique dans l'église de Popincourt. — On trouve aussi dans cette brochure des détails intéressants sur le comte de Paulet et l'École des orphelins militaires fondée par lui.

PORT-ROYAL.

901. — CAMUS (A.-G.). — **Lettres** sur Port-Royal de Paris. — *Paris,* 1802, *in-8°, 8 p.*

(Extrait des « Annales de la religion ».

PRÉMONTRÉS.

903. — **Discours** sur la liberté, prononcé en l'église de MM. les chanoines réguliers Prémontrés à la Croix-Rouge le 26 septembre 1789, à la bénédiction des drapeaux... par un soldat de la quatrième compagnie, l'un des membres du comité permanent de ce district... — *Paris, imp. de Didot l'aîné,* 1789, *in-8°, 16 p.*

Signé : P......

QUINZE-VINGTS.

904. — FAUCHET (l'abbé). — **Discours** de M. Fauchet aux vainqueurs de la Bastille, à leur assemblée générale, tenue dans l'église des Quinze-Vingts, le 25 juin 1790, et présidée par M. le maire de Paris. — Motion faite par le même, le soir du même jour, à l'assemblée nationale des représentants de la commune. — Discours de M. de la Reinie. — *Paris, Guillaume junior, S. D.* (1790), *in-8°, 15 p.*

905. — **Observations** sur la pétition présentée à l'Assemblée nationale au nom des frères aveugles des Quinze-Vingts, à la séance du 8 février 1791. — *Paris, S. D.* (1791), *in-8°.*

D'après un catalogue.

SAINT-ROCH.

906. — **Le plafond** de Saint-Roch. Lettre à M... — *S. L. N. D. (Paris, 177 :?), in-12, 12 p.*

Eloge outré de la coupole de la chapelle de la

Vierge, à Saint-Roch, peinte par J.-B.-M. Pierre, à qui l'on doit aussi plusieurs peintures qui ornent les églises de Saint-Sulpice et de Saint-Germain-des-Prés.

907. — **Aperçu** de la situation de la fabrique de Saint-Roch. — *Paris*, 1786, *in*-4°, 8 *p*.

D'après un catalogue de vente.

908. — Bastide (l'abbé). — **Discours** prononcé le 26 août 1789, dans l'église paroissiale du district de Saint-Roch, à l'occasion d'un service célébré pour le repos de l'âme des citoyens qui sont morts pour la défense de la patrie. — *Paris, Boulard, S. D.* (1789), *in*-8°, 22 *p*.

Cet ecclésiastique était du clergé de Saint-Roch. — Son discours a pour sujet : *L'Amour de la patrie.*

909. — Lafisse. — **Discours** de M. Lafisse, président du district de Saint-Roch, prononcé à MM. les ci-devant gardes-françaises, le 4 septembre 1789, jour de leur incorporation et présentation dans l'église de Saint-Roch... — *Paris, Boulard, S. D.* (1789), *in*-8°, 7 *p*.

— * Bastide (l'abbé). — **Exhortation** faite le 26 septembre 1789...

Voyez le n° 981.

— * Duvaucel de Rezel (l'abbé). — **Discours** pour la bénédiction du drapeau. (1789.)

Voyez le n° 573.

910. — Marduel (l'abbé). — **Déclaration** de M. le curé de la paroisse de Saint-Roch, à Paris. — *S. L. N. D.* (*Paris*, 1791), *in*-8°, 14 *p*.

A l'occasion du serment. Pièce importante dans laquelle l'abbé Marduel, qui, on le sait, refusa de se soumettre à la loi, établit une distinction entre le serment de 1790 et celui de 1791.

911. — **Profanation** arrivée en l'église Saint-Roch, le 18 janvier 1791. — *S. L. N. D.* (1791), *in*-8°, 7 *p*.

Signé : L'abbé***, du clergé de Saint-Roch. — Scandale à l'occasion de la continuation des fonctions de M. Marduel, malgré son refus de prêter serment. L'abbé*** s'associe aux opinions de son curé.

— * **Liste** des curés... et grand scandale causé par le curé de Saint-Roch. (1791.)

Voyez le n° 156.

912. — **Adresse** patriotique à M. Legrand, curé constitutionnel de Saint-Roch. — *Paris, de l'imp. d'un catholique, S. D.* (1791), *in*-8°, 4 *p*.

Signé : L. N..., au nom de sa famille et des bons citoyens. — « Prêtre citoyen, c'est en vain que la jalousie te poursuit depuis longtemps... »

913. — **Avis** aux paroissiens de Saint-Roch. — *Paris, Boulard, S. D.* (1792), *in-fol. plano.*

Convocation pour le 30 juillet 1792.

914. — « **Aujourd'hui**, lundi 30 juillet 1792, l'an 5e de la Liberté... » — *Paris, Boulard, S. D.* (1792), *in*-4°, 4 *p*.

Tels sont, à défaut d'un titre, les premiers mots d'une délibération générale des habitants de la paroisse de Saint-Roch, relativement à la réduction du nombre des cloches réclamée par le corps municipal. Les marguilliers et le clergé font opposition à l'arrêté de la municipalité.

915. — « **Quittance** de souscription. Paroisse de Saint-Roch. » — *S. L. N. D.* (1793), *feuillet in*-8°.

« Nous soussignés, commissaires pour la souscription du culte divin dans la paroisse de Saint-Roch, et nommés dans l'assemblée générale des paroissiens, tenue dans cette église le 2 février 1793. Reconnaissons avoir reçu la somme de du citoyen de ladite paroisse pour sa souscription de mois de ladite année, en foi de quoi avons signés (*sic*). Fait au bureau, à Paris, ce 179 l'an second de la République. »

916. — « **Paris**, 1er frimaire l'an IIe... [21 novembre 1793]. Citoyen, la section de la Montagne a foulé aux pieds le fanatisme. . » — *S. L. N. D.* (1793), *feuillet in*-4°.

Lettre d'invitation à l'inauguration du temple de la Raison.

917. — Monvel (J.-M. Boutet de). — **Discours** fait et prononcé par le citoyen Monvel, dans la section de la Montagne, le jour de la fête de la Raison, célébrée dans la ci-devant église de Saint-Roch, le 10 frimaire an II de la République une et indivisible [30 novembre 1793]. — *Paris Lefer, an II, in*-8°, 32 *p*.

— * **Le culte** des hommes libres. (1794.)

Voyez le n° 333 et cf. le n° 590.

918. — Loison. — **Discours** prononcé à l'ouverture de la 2e séance du conseil militaire établi par la loi du 15 vendémiaire (an IV), à la ci-devant église Saint-Roch, par le général de brigade Loison, président de ce conseil. Imprimé par ordre du conseil... — *Paris, Imp. nat., S. D.* (1795), *in-8°*, 3 *p.*

919. — **Extrait** raisonné du plan proposé le 27 janvier dernier, à l'assemblée générale des paroissiens de Saint-Roch, réunis dans cette église à l'effet d'y continuer le culte divin tel qu'il y a eu lieu jusqu'à présent. — *Paris, imp. Boulard, S. D.* (1796?) *in-4°*, 4 *p.*

920. — Tobie (F.). — **Discours** prononcé dans le temple du Génie, avant la prononciation des mariages, le 20 prairial [8 janvier 1799], jour de la cérémonie funèbre célébrée au Champ de Mars en l'honneur des ministres de la République française assassinés à Rastadt. — *Paris, imp. Ballard, S. D.* (1799), *in-8°*, 7 *p.*

921. — Boiguenvoise. — **Discours** prononcé à la fête de l'Agriculture célébrée dans le temple du Génie, le 10 messidor an VII [28 juin 1799]. — *Paris, imp. Ballard, S. D.* (1799), *in-8°*, 8 *p.*

922. — Tobie (François). — **Discours** prononcé le décadi 10 fructidor de l'an VII [27 août 1799], à la fête de la Vieillesse, par le cit. François Tobie, commissaire du Directoire exécutif près l'administration municipale du 2e arrondissement du canton de Paris. — *Paris, imp. Brosselard, S. D.* (1799), *in-8°*, 6 *p.*

— * **Lettre** d'un paroissien de Saint-Roch. (1799.)

Voyez le n° 424.

923. — **Saint-Roch** et Saint-Thomas, nouvelle. — *Paris, Dabin, an XI*-1802, *in-8°*, 15 *p.*

Par Andrieux. Cet opuscule en vers a été réimprimé sous le titre suivant :

924. — **Querelle** de Saint-Roch et de Saint-Thomas sur l'ouverture du manoir céleste à Mlle Chameroy. 2e édition augmentée. — *Paris, Pierre, S. D.* (1802), *in-8°*, 8 *p.*

Réimpression de l'article précédent.

924 *bis*. — **Ordonnance** de l'archevêque de Paris [Mgr de Belloy] sur le refus du curé de Saint-Roch de rendre les honneurs à Mlle Chameroy. — *S. L. N. D.* (1802), *in-4°*, 4 *p.*

Les trois pièces précédentes, ainsi que la suivante, se rapportent au scandale dont fut cause l'enterrement de Mlle Chameroy, danseuse que sa mort (15 octobre 1802) rendit plus célèbre que sa carrière d'artiste : le curé de Saint-Roch ayant refusé de faire le service religieux des obsèques de la danseuse, l'enterrement se fit dans la chapelle du couvent des filles Saint-Thomas. On trouve quelques mots sur cet incident dans la *Biographie Didot*, mais le récit de toute l'affaire a été donné par Jal dans son *Dictionnaire critique*. Cf. les « Chroniques et légendes des rues de Paris, » par Ed. Fournier, page 291, et le journal « Le Globe » du 7 décembre 1826, page 272.

La « Querelle de Saint-Roch, » quoiqu'elle soit bien d'Andrieux, n'a pas été reproduite dans ses *Œuvres complètes* (1817-23, 4 vol. in-8°), mais on la trouve dans les « Satiriques des XVIIIe et XIXe siècles » (Paris, 1840), page 324. De plus, elle a été réimprimée en 1836 sous le titre de « Une actrice au paradis », par Champion Lajarry, et à cette occasion Beuchot, dans la *Bibliographie de la France* (année 1836, n° 2057) a rédigé une note intéressante à laquelle je renvoie le lecteur.

925. — **Réponse** de Saint-Roch et de Saint-Thomas à Saint-Andrieux. — *Paris, J.-G. Girard, an XI* (1802), *in-8°*, 12 *p.*

Cette pièce est citée par Quérard, dans la *France littéraire*, à propos de l'opuscule d'Andrieux; il dit que son auteur est resté inconnu.

926. — **Les administrateurs** de la fabrique de Saint-Roch aux fidèles de la paroisse. — *S. L. N. D.* (180:?), *feuillet in-4°.*

Au sujet de l'insuffisance des ressources de la fabrique. Signé par les marguilliers et par l'abbé Marduel, curé.

¶ — J'ai trouvé dans le « Journal général de la littérature » (année 1800) l'indication d'un ouvrage intitulé : « Mémoire sur les lignes télégraphiques et sur le télégraphe décimal circulaire établi sur la tour du temple de Saint-Roch qui va former la première station de la nouvelle ligne décimale de Paris au Havre », par F.-G.-B. Laval, in-8°. Quérard a mentionné cet ouvrage, mais avec la date de 1802.

SAINTE-CHAPELLE.

927. — **Constitutions** des trésorier, chanoines et collège de la Sainte-Chapelle royale de Paris. — *Paris, Clousier*, 1779, *in-8°*, 322 *p.*

Je ne connais cet ouvrage que par Quérard et Barbier, qui, tous deux, l'attribuent à l'abbé S.-J. Morand.

928. — **Lettre** de MM. les bénéficiers de la Sainte-Chapelle à l'Assemblée nationale, concernant l'abandon de leurs bénéfices. — *Paris, imp. Valleyre jeune, S. D.* (1789), *in-8°*.

Du 15 août, d'après une note ms. sur l'exemplaire de la Bibliothèque nationale.

929. — **Lettre** de MM. les chanoines de la Sainte-Chapelle de Paris à l'Assemblée nationale. — *S. L. N. D.* (1789), *in-8°*.

Même ouvrage que le precédent.

930. — MORAND (Sauv.-Jér.). — **Histoire** de la Sainte-Chapelle royale du Palais, enrichie de planches... présentée à l'Assemblée nationale, par l'auteur, le 1er juillet 1790. — *Paris, Clousier; Prault*, 1790, *in-4°*, 2 *f. limin.* 307-227 *p. et* 6 *f. non pag. contenant le privilège et les tables*; 17 *planches.*

Cet ouvrage intéressant est devenu rare, une partie de l'édition ayant été détruite, au dire de Quérard. Il y a des exemplaires en papier vélin. Quelques-unes des planches sont de Ransonnette et finement gravées. On conserve à la Bibliothèque nationale (Réserve) un exemplaire ayant appartenu à M. Morand, architecte, frère de l'auteur, et qui contient des notes manuscrites.

931. — ROUSSINEAU (l'abbé). — **District** de Henri IV. Discours prononcé par M. Roussineau, curé de la Basse-Sainte-Chapelle, pour la cérémonie du *Te Deum* chanté le 10 février 1790. — *Paris, imp. de veuve Delaguette, S. D.* (1790), *in-8°*, 14 *p.*

932. — **Adresse** des chapelains et clercs de la Sainte-Chapelle à nosseigneurs de l'Assemblée nationale. — *Paris, imp. de la Soc. typ., S. D.* (1790), *in-4°*.

933. — ROUSSINEAU (l'abbé). — **Discours** de M. Roussineau, curé de la Basse-Sainte-Chapelle, électeur, prononcé à l'assemblée électorale le 28 décembre 1790, relativement à la prestation du serment civique du clergé... — Réponse de M. le président [Pastoret], à M. Roussineau. — *Paris, de l'imp. de l'assemblée électorale*, 1791, *in-8°*, 6 *p.*

SAINT-SÉPULCRE.

934. — MILLIN (A.-L.). — **Collégiale** du Sépulcre. — (1791), *in-4°*, 12 *p.*, 1 *pl.*

Antiq. nat., tome III.

935. — **A la Calotte**. Vol fait à la nation, ou Dénonciation des chanoines du Sépulcre, qui ont fait fondre des croix, des vierges et des saints d'or et d'argent. — *Paris, Dubois, S. D.* (1789), *in-8°*, 7 *p.*

Signé : De Ronay. — Pamphlet contre le clergé.

SAINT-SÉVERIN.

936. — **Mémoire** abrégé concernant la chapelle de la Conception de la sainte Vierge, première érigée en France, en l'église de Saint-Séverin... — *Paris, A.-M. Lottin*, 1759, *in-4°*, 4 *f. limin. et* 42 *p.*

Par A.-M. Lottin, libraire à Paris, d'après Barbier.

— * **Légitimité** du serment civique. (1791).

Voyez les nos 148-150.

937. — BEAULIEU (l'abbé LEBLANC de). — **Discours** de M. Beaulieu, curé de Saint-Séverin, prononcé dans sa paroisse, le 3 avril 1791, jour de son installation. — *Paris, Leclère*, 1791, *in-8°*, 8 *p.*

938. — BEAULIEU (l'abbé LEBLANC de). — **Discours** de M. Beaulieu, curé de Saint-Séverin, prononcé au prône, le jour de la Pentecôte, le 12 du mois de juin 1791. — *Paris, imp. Simon*, 1791, *in-8°*, 8 *p.*

— * **Discours** de MM. les curés de Saint-André-des-Arts et de Saint-Séverin. (15 décembre 1791.)

Voyez le n° 492.

939. — Beaulieu (l'abbé Leblanc de). — **Discours** prononcé à Saint-Séverin, le 5 février 1792... — *in*-8°, 16 *p*.

D'après un catalogue.

940. — **Lettre** à Monsieur le curé de Saint-Séverin, et réponse de M. le curé de Saint-Séverin. [Leblanc de Beaulieu] à MM***. — *Paris, Leclère*, 1792, *in*-8°, 30 *p*.

Le correspondant du curé attaque l'Eglise constitutionnelle; l'abbé Leblanc de Beaulieu prend, naturellement, la défense de celle-ci. (2-4 mai 1792.)

941. — **Lettre** de M. le curé de Saint-Séverin [Leblanc de Beaulieu] à l'auteur de l'écrit intitulé : « Nouvelles ecclésiastiques, ou Mémoires pour servir à l'histoire de la constitution (prétendue) civile du clergé. » (30 juin 1792.) — *Paris, Leclère*, 1792, *in*-8°, 32 *p*.

Justification de la constitution et du serment.

942. — **Réponse** à la lettre du Père Beaulieu, soi-disant curé de Saint-Séverin, à l'auteur des « Nouvelles ecclésiastiques, ou Mémoires pour servir à l'histoire de la constitution civile du clergé. » — *Paris, Dufresne*; *Lallemand*, 1792, *in*-8°, 71 *p*.

Au sujet de la polémique entre M. Cantuel de Blémur, curé réfractaire, et le P. Leblanc de Beaulieu, curé constitutionnel de Saint-Séverin.

943. — **Lettre** du procureur de la Commune [P. Manuel] au curé de Saint-Séverin [Leblanc de Beaulieu], et Réponses du curé de Saint-Séverin au procureur de la Commune. (7-9 juin 1792.) — *Paris, imp. C. Simon*, 1792, *in*-8°, 16 *p*.

Polémique au sujet de la procession de la Fête-Dieu.

944. — **Réfutation** des lettres de MM. Manuel et Rœderer à l'occasion des cérémonies de la Fête-Dieu. Par F.-J.-M. — *S. L. N. D.* (1792), *in*-4°.

945. — Dubroca. — **Discours** prononcé à Paris, le 21 août 1792, l'an quatrième de la Liberté, le premier de l'Egalité, dans le temple catholique de Saint-Séverin, jour du service funèbre des victimes du 10 d'août, par M. Dubroca, citoyen et prêtre. — *S. L. N. D.* (1792), *in*-8°, 16 *p*.

946. — **Calendrier** catholique-romain des fêtes, prières et usages propres à l'église paroissiale (1re Archi-P.) de Saint-Séverin, à Paris, pour l'année ecclésiastique et l'an de grâce 1797. *Paris, imp. Crapart, S. D.* (1797), *in*-8°.

Cet ouvrage se compose de cinq parties, desquelles je n'ai jamais rencontré que la 2e et la 5e. La 2e partie se compose de 31 pages et a pour sous-titre : « Règle de conduite pour le saint temps du carême ». La 5e partie, de 40 pages, contient des « Exercices de piété pour l'octave de la Fête-Dieu ». Chacune d'elles est précédée d'une lettre adressée aux paroissiens de Saint-Séverin, écrite par le curé de la paroisse obligé de se cacher. Cette lettre, plus mystique qu'historique, mais qui n'est pas cependant sans intérêt, est probablement l'œuvre de l'abbé Cantuel de Blémur qui fut curé en titre jusqu'en 1791, refusa le serment, et fut remplacé par l'abbé Leblanc de Beaulieu.

947. — **Discours** prononcé au prône de la messe paroissiale de Saint-Séverin, le 3e dimanche de Carême, 3 mars 1793, deuxième de la République. — *Paris, imp. Belin*, 1793, *in*-8°, 15 *p*.

Ce discours m'a semblé être du curé Leblanc de Beaulieu. Son sujet est à peu près résumé dans cette phrase qui lui sert d'épigraphe : « Eratis aliquandò tenebræ, et nunc autem lux in Domino ». Eph. v, 8. — « *Lux* » c'est l'Eglise constitutionnelle !

SOEURS DE LA CHARITÉ.

(Voyez Charité.)

ÉGLISE DE LA SORBONNE.

948. — **Cahier** de l'assemblée partielle du tiers état de la ville de Paris, tenue en l'église de Sorbonne, les 21 et 22 avril 1789. — *S. L. N. D.* (1789), *in*-8°, 11 *p*.

949. — Calvet (J.-B.). — **Discours** prononcé à l'inauguration des bustes de Marat et de Lepelletier, célébrée par la section de Beaurepaire régénérée, dans le temple de la Raison,

ci-devant église de Sorbonne, le 20 nivôse an II [9 janvier 1794]... — *S. L. N. D.* (1794), *in-8°*, 4 *p.*

950. — **Discours** prononcé dans l'assemblée générale et dans le temple de la Raison de la section régénérée de Beaurepaire, à l'occasion de l'inauguration des bustes des martyrs de la liberté, Marat et Le Pelletier, et de la fête de la Raison, les 20 et 25 nivôse l'an IIe... [9-10 janvier 1794]. — *Paris, imp. Moutard, S. D.* (1794), *in-8°*, 20 *p.*

951. — **Discours** prononcé par un citoyen de la section Chalier, le décadi 30 floréal [an II(-19 mai 1794)] dans la ci-devant église de Sorbonne, temple aujourd'hui consacré à l'Etre-Suprême par la Vérité et la Raison. — *Paris, imp. Moutard, S. D.* (1794), *in-8°*, 11 *p.*

L'auteur n'est pas nommé. — Sur l'Etre Suprême et l'immortalité de l'âme.

SAINT-SULPICE.

952. — Patte (P.) — **Mémoire** sur l'achèvement du grand portail de l'église de Saint-Sulpice. — *Paris, Gueffier, S. D.* (1767), *in-4°*, 16 *p.*, 2 *pl.*

Voyez le recueil du même auteur intitulé : « Mémoires sur les sujets les plus importants de l'architecture », (Paris, 1769, in-4°, planches).

953. — **Remarques** historiques sur l'église et la paroisse de Saint-Sulpice, tirées du premier volume des Instructions et prières à l'usage de la dite paroisse. — *Paris, Crapart*, 1773, *in*-12.

Par l'abbé H.-F. Simon de Doncourt. — Quoi qu'en dise leur titre, ces « Remarques » ne se trouvent pas dans l'ouvrage indiqué. (*Barbier*.)

954. — **Notes** et observations critiques sur Saint-Sulpice de Paris, par F.-C.-L. — *Paris*, 1782, *in-8°*, 35 *p.*

Considérations sur l'architecture du monument.

955. — « **MM.**, l'assemblée du district des Petits-Augustins a l'honneur de vous prévenir... » — *S. L. N. D.* (1789), *feuillet in-4°*.

Invitation à la cérémonie dont il est question dans l'article suivant.

956. — Osselin. — **Discours** funèbre, prononcé par M. Osselin, avocat, président du district des Petits-Augustins, après la messe patriotique que l'assemblée a fait célébrer en l'église de Saint-Sulpice, par les R. P. Augustins, le lundi 10 août 1789, pour le repos de l'âme des citoyens morts en combattant pour la patrie. Imprimé à la réquisition... de l'assemblée... — *Paris, imp. Quillau*, 1789, *in-8°*, 16 *p.*

957. — Vigneras (l'abbé de). — **Eloge** funèbre de vénérable, discrète et scientifique personne Messire Jean-Joseph Faydit de Terssac, curé de la paroisse de Saint-Sulpice de Paris, par M. l'abbé de Vigneras, licencié en théologie de la faculté de Paris, à la communauté de Saint-Sulpice. — *Paris, Crapart, libraire, rue d'Enfer, près la place Saint-Michel*, 1789, *in-4°*, 46 *p.*

On lit dans l'avertissement que cet éloge n'a pas été prononcé. — Le privilège est du 17 octobre 1788.

958. — **Copie** de la lettre du comité des recherches de l'Assemblée nationale à M. le curé de Saint-Sulpice, le 3 [5] mai 1790. — *Paris, imp. Valleyre jeune, S. D.* (1790), *in-8°*, 8 *p.*

Avec la réponse du curé, Mayneaud de Pancemont.

959. — **Adresse** des ecclésiastiques de la paroisse de Saint-Sulpice qui ont signé le serment, à l'Assemblée nationale. Imprimé par ordre de l'Assemblée nationale. (10 janvier 1791.) — *Paris, Imp. nat., S. D.* (1791), *in-8°*, 4 *p.*

Signé : Soulavie, envoyé des ecclésiastiques qui ont signé.

960. — Pastoret. — **Discours** prononcé le dimanche 6 février 1791, dans l'église paroissiale métropolitaine, par M. Pastoret, président de l'assemblée électorale, en proclamant curé de Saint-Sulpice M. Poiret, assistant général de la congrégation de l'Oratoire, et supérieur de la maison de Paris. —

Paris, de l'imp. de l'Assemblée électorale, 1791, *in*-8°, 6 *p*.

On trouve à la suite le discours du nouveau pasteur, le P. Poiret.

961. — **Réflexions** d'un solitaire sur l'élection du P. Poiret à la cure de Saint-Sulpice. — *S. L. N. D.* (*février* 1791), *in*-8°, 22 *p*.

Le titre de départ, page 1, porte en plus : « Et sur le discours qu'il a prononcé le 6 février, jour de sa proclamation... »

962. — **Lettre** au R. P. Poiret, prêtre de l'Oratoire. — *S. L. N D.* (*février* 1791), *in*-8°, 4 *p*.

A l'occasion de sa nomination à la cure de Saint-Sulpice. — L'auteur se montre opposé aux principes constitutionnels. — Il y a peut-être deux éditions de cet écrit? J'ai vu un exemplaire sans faux-titre qui m'a semblé complet, et un autre dont le faux-titre portait en plus : « Peu de jours après son élection à la cure de Saint-Sulpice ». Il eût fallu pouvoir les rapprocher pour en faire une comparaison minutieuse, ce qui ne m'a pas été possible.

— * **Entretien** d'un électeur de Paris. (1791.)

Voyez le n° 167.

963. — **Pétition** des paroissiens de Saint-Sulpice à l'Assemblée nationale. — *S. L. N. D.* (1791), *in*-8°, 8 *p*.

Contre la constitution civile du clergé et la nomination, par voie d'élection, du nouveau pasteur.

964. — **Détail** de la grande révolution arrivée en l'église de Saint-Sulpice, hier à 7 heures du soir. Avec l'explication de tout ce qui s'y est passé pendant l'office divin, avec le nombre des scélérats qui ont été arrêtés dans l'église et au Luxembourg. — *Paris, imp. Labarre, S. D.* (1791), *in*-8°, 4 *p*.

Scandales dont l'auteur de la brochure attribue l'initiative aux prêtres réfractaires.

— * **Liste** des curés... Fuite précipitée du curé de Saint-Sulpice. (1791).

Voyez le n° 156.

965. — Pancemont (l'abbé de). — **Lettre** de M. de Pancemont, curé de Saint-Sulpice, à ses paroissiens. — *Bruxelles, imp. Lemaire*, 1791, *in*-8°, 16 *p*.

Exhortations adressées par le pasteur à ses paroissiens pendant son exil, et protestation contre l'élection de son successeur, le P. Poiret. (10 mai 1791.)

966. — **Histoire** des événements arrivés sur la paroisse Saint-Sulpice pendant la Révolution, principalement à l'occasion du serment ecclésiastique ; suivie de réflexions sur la position du clergé. — *Paris, imp. Crapart*, 1792, *in*-8°, 96 *p*.

« Peut-être un jour le lecteur avide et courageux, fouillant dans l'immense recueil des ouvrages sur la Révolution, portera la main sur celui-ci ; et son imagination, fatiguée de sang et de meurtres, d'incendies et de proscriptions, se déridera au spectacle d'un pasteur persécuté, supérieur par la religion aux embûches des méchants et aux ébranlements de l'Empire ».

Ce petit volume tient plus qu'il ne promet ; on y trouve une histoire détaillée et très intéressante de la paroisse et de son curé, M. de Pancemont, pendant la Révolution.

— * **Décret** qui ordonne le paiement des sommes dues aux entrepreneurs. (1792.)

Voyez le n° 456.

967. — **Décret** qui suspend la vente du séminaire de Saint-Sulpice à Paris, 13-17 avril 1793.

Collection Duvergier, tome V, p. 309.

968. — Fabre. — **Fête** de la Jeunesse. — *Paris, Gueffier jeune, an VI* [1798], *in*-8°, 15 *p*.

Discours imprimé par ordre de l'administration municipale du XI° arrondissement, en date du 10 germinal [30 mars 1798].

969. — **Fête** des Epoux. Extrait du registre des délibérations de l'administration municipale du XI° arrondissement... du 10 floréal an VI [29 avril 1798]... Hymne pour la fête des Epoux... — *Paris, imp. Gueffier, S. D.* (1798), *in*-8°, 4 *p*.

L'hymne est signé : Cubières.

970. — Fabre. — **Fête** des Epoux. — *Paris, Gueffier jeune, S. D.* (1798), *in*-8°, 16 *p*.

Discours imprimé par ordre de l'administration municipale du XI° arrondissement en date du 10 floréal [29 avril 1798].

971. — **Fête** de la Reconnaissance. — *Paris, imp. Gueffier jeune, S. D.* (1798), *in*-8°, 16 *p*.

Le titre de départ, page 3, porte en plus :

« Discours prononcé par le citoyen De Lafontaine, commissaire du pouvoir exécutif.., dans l'édifice Sulpice » ; celui de la page 7 porte : « Discours prononcé par le citoyen L.-M. Gauthier, président de l'administration municipale du XIe arrondissement ». — Imprimé par ordre de l'administration municipale du XIe arrondissement, en date du 10 prairial an VI [29 mai 1798].

972. — Fabre. — **Fête** de la Reconnaissance. — *Paris, imp. Gueffier jeune, S. D.* (1798), *in*-8°, 15 *p.*

Discours imprimé par ordre de l'administration municipale du XIe arrondissement, en date du 10 prairial [29 mai 1798].

973. — **Procès-verbal** de l'anniversaire de la juste punition du dernier des rois français, célébré à Paris, dans le temple de la Victoire, le 2 pluviôse an VII [21 janvier 1799]. — *Paris, imp. de l'Ami des lois, S. D.* (1799), *in*-4°, 4 *p.*

Même pièce que la suivante.

974. — **Directoire** exécutif. Procès-verbal de l'anniversaire de la juste punition du dernier des rois français, célébré à Paris, dans le temple de la Victoire, le 2 pluviôse an VII [21 janvier 1799]. — *Paris, imp. Gratiot, S. D.* (1799), *in*-8°, 12 *p.*

Cette brochure contient le célèbre discours prononcé par Larevellière à cette occasion, ainsi que l'*Hymne du 21 janvier*, de Lebrun, musique de Berton.

975. — **Discours** pour la fête de l'anniversaire du 14 juillet, prononcé dans le temple de la Victoire, le 26 messidor an VII [14 juillet 1799] par le président de la municipalité du 11e arrondissement [L.-M. Gauthier ?]. — *Paris, imp. Guilhemat, S. D.* (1799), *in*-8°, 7 *p.*

976. — Gillet (J.-C.-M.) — **Conseil** des Cinq-Cents. Rapport fait au nom d'une commission spéciale sur le message du Directoire exécutif du 21 thermidor an VII [8 août 1799] tendant à accorder au citoyen Tresmel la location d'une partie du ci-devant séminaire de Saint-Sulpice pour y établir des filatures. Séance du 9 fructidor an VII [26 août 1799]. — *Paris, Imp. nat., fructidor an VII, in*-8°, 4 *p.*

977. — **Grand** détail exact de l'événement malheureux arrivé cette nuit à Saint-Sulpice... — *Paris, imp. Feschelle, S. D.* (   ), *in*-8°, 4 *p.*

Il s'agit d'un incendie qui se déclara dans les caveaux, sous la chapelle de la Vierge.—Epoque du Directoire.

— * **Ordre** des fêtes religieuses et morales qui doivent être célébrées, pendant l'an IX...

Voyez le n° 396.

THÉATINS.

978. — Barral de Bessodes (L'abbé G.-A.-I). — **Lettres** ascétiques de Saint-Gaëtan de Thienne, précédées de l'éloge du saint fondateur, prononcé dans l'église des Théatins, en 1780. — *Paris, l'auteur*, 1785, *in*-8°.

979. — Barral de Bessodes (l'abbé G.-A.-I.). — **Panégyriques** prononcés dans différentes églises de Paris, avec des précis historiques, des notes et des lettres ascétiques de Saint-Gaëtan de Thienne. — *Paris*, 1789, 2 *vol. in*-12.

980. — **Cahier** pour le tiers-état du district de l'église des Théatins, à Paris. — *S. L.*, 1789, *in*-8°, 1 *f. et* 27 *p.*

981. — Bastide (l'abbé). — **Exhortation** faite le 26 septembre dans l'église des RR. PP. Théatins, lors de la bénédiction des drapeaux du bataillon du district (de Chaillot), et le 29, dans l'église paroissiale de Chaillot, à l'occasion d'une assemblée de charité... en présence de M. Bailly, maire... par M. l'abbé Bastide, de la communauté de Saint-Roch. — *Paris, imp. de veuve Hérissant*, 1789, *in*-8°, 23 *p.*

FILLES SAINT-THOMAS.

982. — **Observations** d'un citoyen, habitant de Paris et membre de l'assemblée du tiers du district des Filles Saint-Thomas, communiquées à ladite assemblée, tenue le mardi 21 avril 1789 [en l'église des Filles Saint-Thomas], et prorogée au lendemain. — *S. L. N. D.* (1789), *in*-8°.

Par Ansault du Vivier, d'après Barbier.

983. — La Place (P.-A. de). — **Le supplice** des cloches, ou épître amicale écrite en 1783 à la dame supérieure des Filles Saint-Thomas et autres pièces. — *S. L. N. D.* (1790), *in-8°*, 40 *p*.

L'Epître est en vers et précédée d'une Lettre et d'un Avertissement en prose.

984. — Saint-Martin (l'abbé). — **Discours** prononcé le 24 mars 1791, dans l'église des Filles Saint-Thomas, pendant la cérémonie ordonnée par la section de la Bibliothèque pour la convalescence du roi, par M. l'abbé Saint-Martin, aumônier de la garde nationale parisienne, et vicaire de M. l'évêque métropolitain de Paris. — *Paris, imp. L. Potier de Lille, S. D.* (1791), *in-8°*, 10 *p*.

— * **Saint-Roch** et Saint-Thomas.
Voyez les nos 923 et ss.

SAINT-THOMAS D'AQUIN.

985. — Minée (l'abbé). — **Extrait** des registres de l'assemblée électorale du district de Paris, séant dans l'église métropolitaine de Notre-Dame. Discours prononcé dans l'assemblée électorale du district de Paris, le 13 mars 1791, par M. Minée, lors de sa proclamation à la cure de Saint-Thomas-d'Aquin, — *Paris, imp. Prault*, 1791, *in-8°*, 11 *p*.

986. — **Dixième** administration municipale du canton de Paris. Fête des Epoux célébrée... le 10 floréal an V [29 avril 1797]. Extrait du procès-verbal... — *Paris, imp. Migneret, S. D.* (1797), *in-8°*, 8 *p*.

Cet article ne se rattache qu'indirectement et seulement par l'*administration municipale* à la circonscription de l'église Saint-Thomas d'Aquin : cette fête fut célébrée dans « la principale cour de la maison nationale des Invalides ». cf. les nos 694 et ss.

988. — Sobry (J.-F.). — **Te Deum** républicain dédié aux soldats français dans la personne du citoyen Milet-Moreau, ministre de la guerre, et chanté pour la première fois dans le temple de la municipalité du Xe arrondissement... le 20 germinal an VII [9 avril 1799]. — *S. L., an VII, in-8°*, 8 *p*.

La dédicace occupe 6 pages; le *Te Deum* est en 7 strophes; il a été mis en musique par Navoigille.

989. — **Discours** prononcé au temple de la Paix, le 1er vendémiaire de l'an VIII [23 septembre 1799], fête de la Fondation de la République, par un membre de l'administration municipale du Xe arrondissement du canton de Paris. — *Paris, imp. Sobry, S. D.* (1799), *in-8°*, 7 *p*.

TRINITÉ.

(Voyez Filles de la Trinité).

URSULINES.

990. — Roux. — **Discours** sur le jugement de Louis le Dernier, sur la poursuite des agioteurs, des accapareurs et des traîtres, prononcé dans l'assemblée générale de la section de l'Observatoire, le jour de sa translation dans la ci-devant église des Ursulines, par Jacques Roux,... (1er décembre 1792.) — *S. L. N. D.* (1792), *in-8°*.

VISITATION.

991. — **Requête** à l'Assemblée nationale de la part des religieuses de la Visitation de Sainte-Marie de France. — *Paris, imp. de veuve Hérissant, S. D.* (1790), *in-8°*, 4 *p*.

Signée par les supérieures des quatre couvents de Paris et de celui de Saint-Denis.

992. — **Le fouet** donné aux sœurs grisettes par la sainte colère du peuple, le 7 avril 1791, pour avoir enseigné de faux principes aux enfants des écoles de charité, pour avoir refusé la porte à leurs véritables pasteurs qui ont fait authentiquement le serment civique. Les prêtres aristocrates conseillent les enfants des écoles à désobéir (*sic*) à leurs pères et mères, s'ils sont patriotes. — *Paris, imp. Labarre, S. D.* (1791), *in-8°*, 8 *p*.

Fustigation des sœurs de la Visitation (Filles de Sainte-Marie) et d'autres religieuses par les poissardes. Voyez l'article suivant.

993. — **Liste des culs aristocrates et anti-constitutionnels qui ont été fouettés hier au soir à tour de bras, par les dames de la halle et du faubourg Saint-Antoine.** — *Paris, imp. patriotique*, 1791, *in-8°*, 8 *p.*

Fustigation par la populace des religieuses de la Visitation, des Miramionnes des Récollettes de la rue du Bac, des Filles du Précieux-Sang et autres. Cette scène a été *peinte au vif* : il existe une grande estampe coloriée, très curieuse, qui la représente. On trouve aussi une figure gravée qui semble se rapporter à ces excès, dans les *Révolutions de France et de Brabant*, n° 74, 25 avril 1791, sans que le texte y fasse allusion.

L'estampe coloriée dont je viens de parler représente la fustigation des sœurs de la Visitation du faubourg Saint-Antoine, tandis que dans la gravure du journal de Camille Desmoulins on lit sur une boutique de la rue qu'elle représente : « Café Richelieu ». Voyez l'article précédent et cf. les n°s 184 et 700.

SAINT-YVES.

994. — MILLIN (A.-L.). — **Chapelle de Saint-Yves.** — (1792), *in-4°*, 24 *p.*, 5 *pl.*

Antiq. nat., tome IV.

TABLE GÉNÉRALE ALPHABÉTIQUE

A

B

C

M

N

O

S

T

U

BIBLIOTHÈQUE NATIONALE
R.F.

ERRATA

N° 6. — Observations sur le cahier de Paris, *lisez :* Observations sur le cahier du clergé de Paris.

N° 360. — Cet article est, par erreur, numéroté 260.

N° 439. — Convention contre le gouvernement, *lisez :* Convention entre le gouvernement.

N° 539. — Cet article est, par erreur, numéroté 537.

N° 576. — Les aristocrates et les facétieux, *lisez :* Les aristocrates et les factieux.

N° 902. — Cet article est, par erreur, numéroté 901.

Paris. — Imprimerie F. Levé, rue Cassette, 17

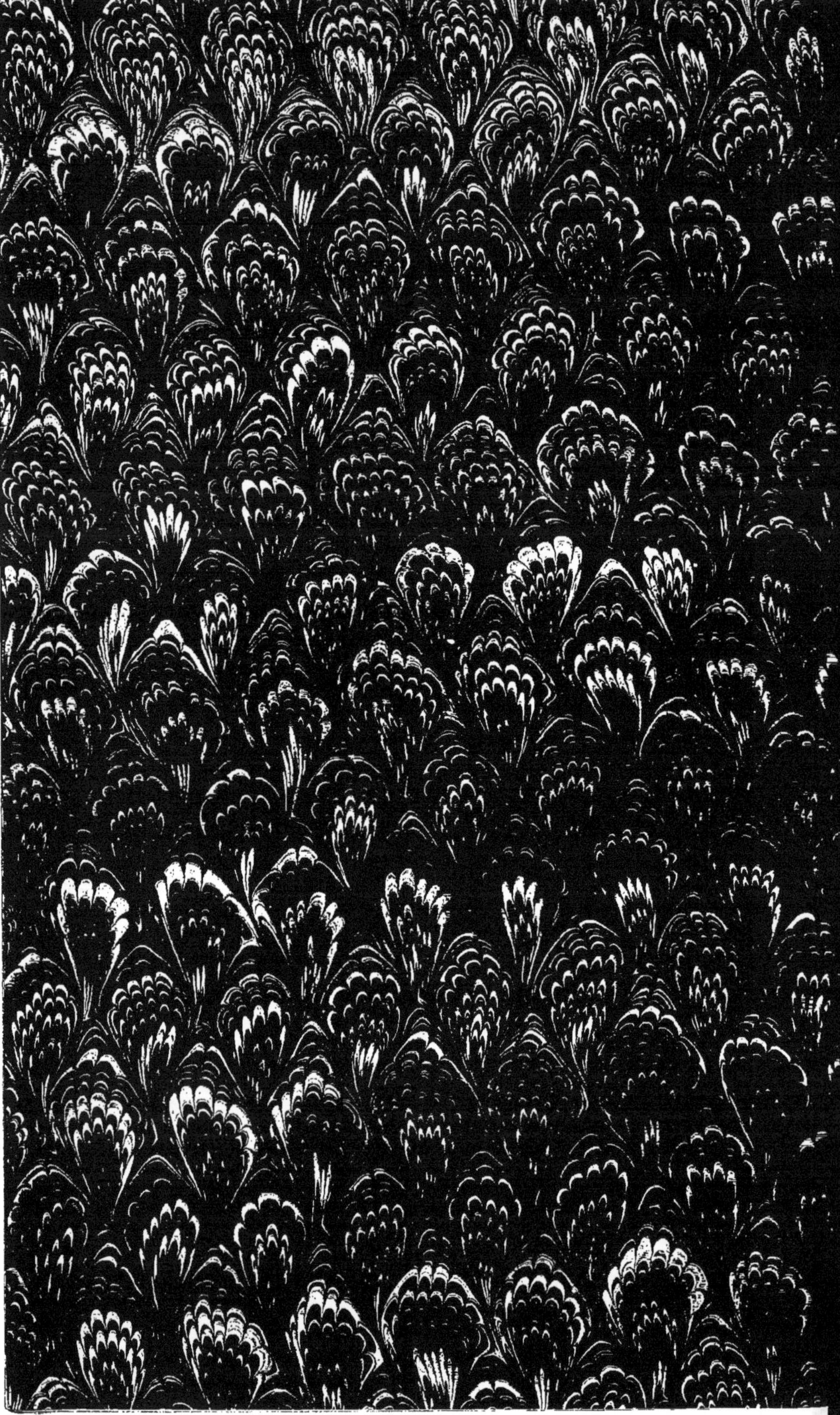

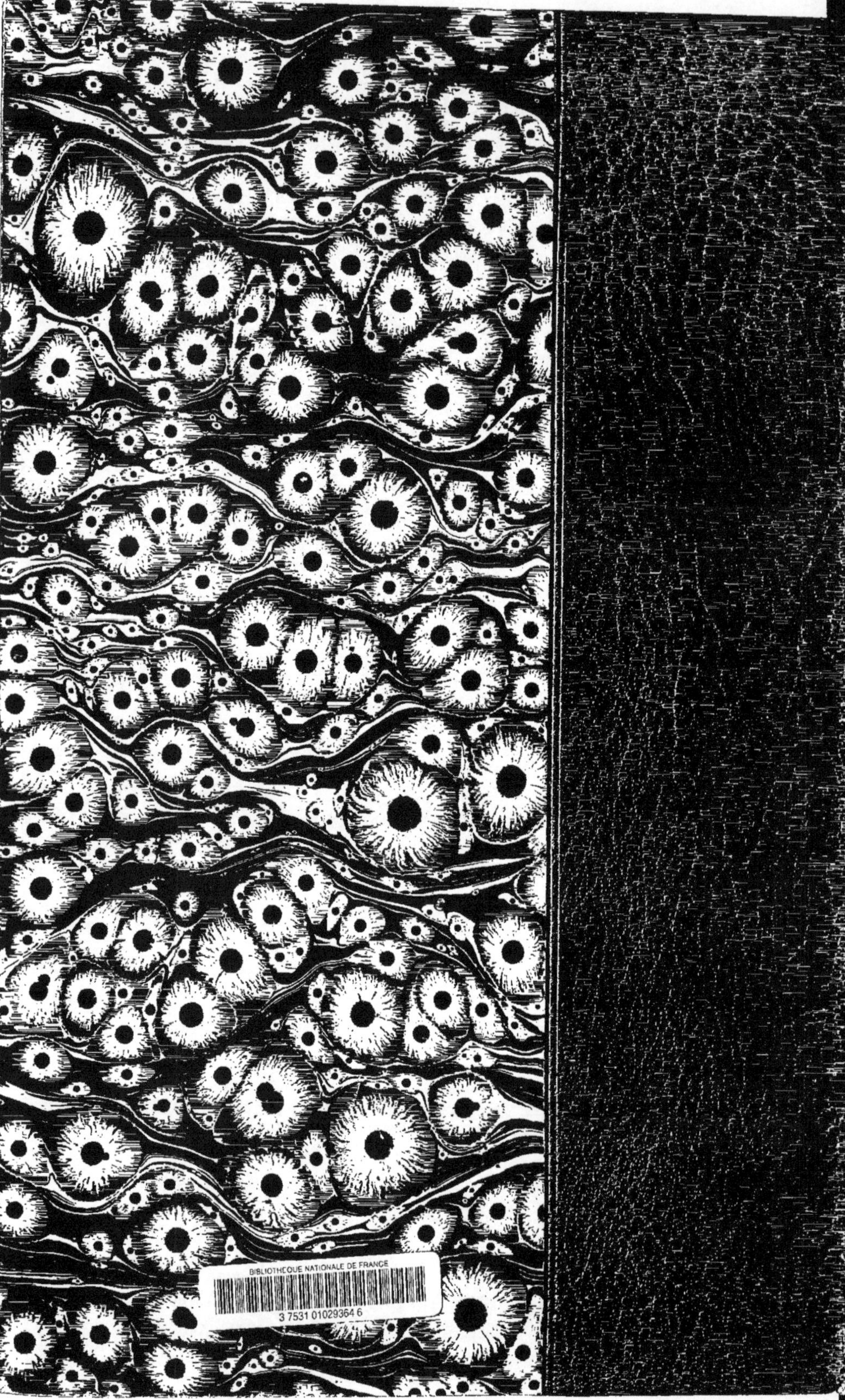

www.ingramcontent.com/pod-product-compliance
Ingram Content Group UK Ltd.
Pitfield, Milton Keynes, MK11 3LW, UK
UKHW020231220726
13923UKWH00002B/603

9 782019 625696